파이썬으로 배우는 프로그래밍 기초

크리스 로피 지음 | **유형목 · 이지호** 옮김

옮긴이 유형목

리눅스가 보급되던 초기에 (인터넷이 아니라 PC통신으로 대화를 나누던 때에) 나우콤 리눅스 동호회 알짜리눅스제작팀, 하이텔 리눅스 동호회 대표시삽으로 활동했습니다. 미지리서치(현 윈드리버 코리아)와 엠텍비젼에서 근무한 바 있으며, 현재는 주식회사 인시그널에서 안드로이드 포팅 강의를 주로 하고 있습니다.

인터넷에서는 AESOP 임베디드 포럼에서 2007년부터 운영진으로 활동하고 있습니다.

옮긴이 이지호

파이썬과 PostgreSQL로 대변되는 모든 세계에 심취해 있으며 매일매일 새로운 생각을 하고 새롭게 시도하고 있습니다. 요즘은 한국방송통신대학교대학원 정보과학과에서 데이터베이스의 모든 분야를 대상으로 연구하고 있는 꿈많은 청년입니다.

파이썬으로 배우는 프로그래밍 기초 : 누구나 할 수 있는 가장 쉬운 프로그래밍 입문서

초판발행 2016년 8월 18일

지은이 크리스 로피 / **옮긴이** 유형목, 이지호 / **펴낸이** 김태헌
펴낸곳 한빛미디어(주) / **주소** 서울시 마포구 양화로 7길 83 한빛미디어(주) IT출판부
전화 02-325-5544 / **팩스** 02-336-7124
등록 1999년 6월 24일 제10-1779호 / **ISBN** 978-89-6848-494-0 93000
판매처 한빛아카데미(주) / **전화** 02-336-7195 / **팩스** 02-336-7199

총괄 전태호 / **책임편집** 송성근 / **기획** 조희진 / **편집** 조경숙
디자인 표지 김연정, 내지 김미현, 조판 이경숙
영업 이윤형, 길진철, 유제훈, 김태진, 주희, 김형진, 김진불, 조유미
마케팅 김호철, 박상용, 송경석, 변지영 / **제작** 박성우, 김정우

이 책의 대한 의견이나 오탈자 및 잘못된 내용에 대한 수정 정보는 한빛미디어(주)의 홈페이지나 아래 이메일로 알려주십시오. 잘못된 책은 구입하신 서점에서 교환해 드립니다. 책값은 뒤표지에 표시되어 있습니다.

한빛미디어 홈페이지 www.hanbit.co.kr / 이메일 ask@hanbit.co.kr

파이썬으로 배우는 프로그래밍 기초

크리스 로피 지음 | 유형목 · 이지호 옮김

한빛아카데미
Hanbit Academy, Inc.

책 소개

왜 이 책을 썼을까요?

이 책은 프로그래밍에 대한 지식이 없거나 혹은 조금만 있는, 하지만 한번 해보기를 원하는 사람들을 위한 책입니다.

누구를 위한 책인가요?

시작은 라즈베리파이(www.raspberrypi.org)였습니다. 제가 어릴 때 사용했던 컴퓨터는 오늘날의 컴퓨터와는 사뭇 달랐습니다. 지금처럼 컬러도 아니었고 검은색 바탕에 녹색 글씨가 찍히고 게임을 하려면 때로는 책 한 권을 입력해야 하는 그런 시절이었습니다. 불편했지만 반면에 나만의 명령어를 만들어 뭔가를 실행할 수 있었다는 장점이 있었습니다. 제가 처음 만든 게임은 베이직 언어로 만든 텍스트 기반의 게임인데 스마트폰으로도 그래픽 게임을 하는 여러분은 상상도 안 될 겁니다. 하지만 그건 그리 오래된 일은 아니랍니다.

나중에 조금 더 현대적인 언어, 자바를 배웠습니다. 네댓 권의 책을 읽으며 배웠는데 언제나 마지막에는 도대체 뭘 해야 할지 모르는 상황에 놓이곤 했습니다. 아이디어는 이것저것 있어서 뭔가 만들고 싶었지만, 어떻게 시작해야 하는지는 몰랐던 시절이었죠. 그래서 저는 이 책을 재미있는 프로젝트를 만드는 방식으로 구성했습니다. 이런 방식은 상상할 수 있는 어떠한 프로그램이든 간단한 프로그램부터 점점 기능을 향상 할 수 있게 도와줄 것이라 기대합니다.

왜 이 책으로 배워야 하죠?

이 책은 금방 만들 수 있는 소규모 프로젝트를 따라 할 수 있으며 동시에 빼놓지 않고 중요한 원리를 설명합니다. 여러분이 책을 읽으며 프로그램을 작성하는 방법뿐 아니라 설계하는 방법도 배울 수 있기를 바라며 좋은 프로그래밍 습관을 익히길 바랍니다. 책을 읽다보면 이전보다 큰 프로그램과 애플리케이션을 만드는 일이 더 어려워 보일 수 있습니다. 세부 사항이나 알고리즘을 정리하는 것뿐 아니라, 프로그램의 전체 틀도 유지되어야 하기 때문입니다. 이 책은 프로그램의 전체 틀을 유지하면서 여러분만의 길을 찾을 수 있도록 도와줄 겁니다. 프로그램이 논리적이면서도 좀 더 개선된 형식을 유지하고 재사용할 수 있는 코드 조각으로 나누는 일 또한 할 수 있을 겁니다.

무엇이 필요한가요?

어떤 컴퓨터에서든 파이썬 3.x 버전을 실행할 수 있습니다. 컴퓨터에 파이썬이 설치되어 있지 않다면 파이썬 설치 가이드를 보고 설치해야 합니다. 5분 정도 걸릴 텐데 이것이 파이썬을 사용하기 위해 준비해야 할 전부입니다. 1부의 0장을 참고하세요.

이 책에 나오는 프로젝트 파일을 웹사이트에서 모두 내려받을 수 있으므로 응용해서 더 큰 프로젝트로 발전시킬 수도 있을 겁니다. 그 외에도 개별 프로젝트에 대한 완성된 파일과 문제를 해결한 코드, 퍼즐과 도전 과제에 대한 정답을 제공합니다.

책 소개

『파이썬으로 배우는 프로그래밍 기초』 활용법

책을 꼼꼼히 읽으며 주요 프로젝트를 모두 순서대로 빌드해주세요. 장의 마지막엔 늘 프로젝트를 발전시킬 수 있는 아이디어와 퀴즈를 적어두었습니다. 어떤 독자는 문제를 하나하나 풀어가며 이해하는 방식으로 책을 읽을 테고, 또 어떤 독자는 무조건 끝까지 진도를 빼는 데 집중할 겁니다. 어느 쪽이든 여러분이 좋아하고 편한 방식이 좋은 방법입니다.

여러분이 좀 더 쉽게 익힐 수 있게 네 가지 방법으로 학습을 도우려 합니다.

1 코드 입력하기

눈으로만 보지 말고 한 번에 한 줄씩 입력하다 보면 나중에 자세한 내용을 기억하는 데 도움이 됩니다.

2 오류 찾기와 수정하기

파이썬에서 오류 메시지는 잘못된 것에 대한 몇 가지 단서를 제공합니다. 스스로 이러한 문제를 해결하면 더 나은 프로그래머가 될 수 있습니다. 하지만 어렵다면 웹사이트에서 코드를 내려받아 비교해봅시다.

3 실험하기

코드를 자유롭게 작성하고 실행해보고 무엇을 할 수 있는지 살펴보길 바랍니다. 도전할 수 있는 모든 퍼즐과 아이디어, 코드를 가지고 응용해보길 권합니다. 이 과정을 통해 전문가처럼 코드를 작성하는 방법을 배우게 될 것입니다.

4 코드 빌드하기

마지막으로, 책에서는 작고 멋진 프로젝트를 빌드할 수 있는 코드를 제공할 뿐만 아니라 프로그램을 어떻게 설계하는지에 대해서도 가르쳐줄 겁니다. 그리고나면 여러분이 직접 설계한 프로그램을 빌드하기 위해 같은 방법을 사용할 수 있습니다.

주의하세요.

아마도 귀찮게 코드를 직접 입력하지 않고 손쉽게 웹사이트에서 내려받고 싶은 유혹을 느낄 겁니다. 그런데 이렇게 코드를 내려받아서 사용하면 나중에 다시 코드를 입력하려고 할 때 어떻게 작성했는지 방법이 쉽게 기억나지 않습니다. 책에서 실습하는 코드는 작은 단위이니 꼭 직접 입력하길 권장합니다. 코드를 입력하는 일은 각 프로그램의 세부 사항을 이해하는 데 도움이 될 겁니다. 더불어 책을 보면서 코드를 입력하다 보면 점점 입력 속도가 빨라질 겁니다. 빠르게 입력하는 건 생각보다 꽤 유용한 기술입니다. 타자 연습을 한다고 생각하며 직접 입력하길 권합니다.

이 책은 Cambridge University Press의 〈Coding Club〉 시리즈의 1~3권을 합본한 도서입니다. 원서 웹사이트에서 코드를 내려받으려면 해당 부를 확인한 다음 내려받으세요.

- 1부 : 『Coding Club Level 1 Python Basics』
- 2부 : 『Coding Club Level 2 Python: Next Steps』
- 3부 : 『Coding Club Level 3 Python: Building Big Apps』

코드 내려받기

- 원서 웹사이트 http://www.codingclub.co.uk
- 번역된 코드 내려받기 http://www.hanbit.co.kr/exam/2494

CONTENTS

PART 01 모두를 위한 파이썬 기초

CONTENTS

PART 02 본격 파이썬 입문

CHAPTER 05 사용자 정의 계산기

CHAPTER 06 보너스 장 : 알고리즘

CHAPTER 07 2부 요점 정리

CONTENTS

PART 03 제대로 된 파이썬 앱 만들기

PART 01

모두를 위한 파이썬 기초

CHAPTER

00

윈도우에서 파이썬 설치하기

0.1 파이썬 설치하기

대부분 실습환경이 MS 윈도우라 생각해서 윈도우에서 파이썬을 설치하는 방법을 설명합니다.

윈도우에서 웹브라우저를 실행한 다음 http://www.python.org 홈페이지에 접속합니다.

Downloads 메뉴를 클릭하면 다음처럼 윈도우용 Python 설치파일을 내려받을 수 있습니다.

그림 0.1 파이썬 홈페이지의 다운로드 페이지

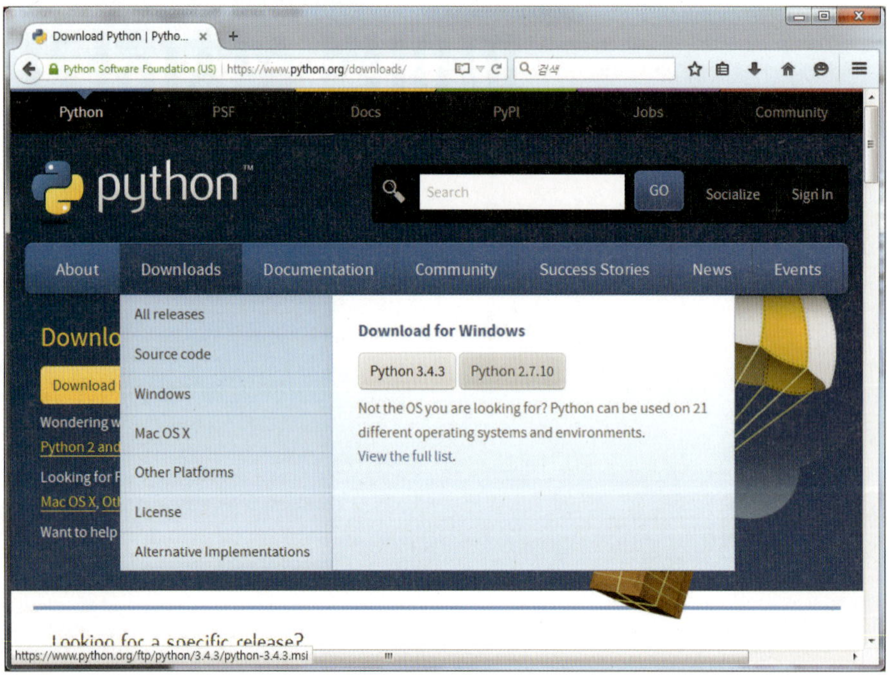

0장을 집필하는 현재(2015년 7월) 최신 버전은 Python 3.4.3입니다. 클릭하면 python-3.4.3.msi라는 이름으로 설치파일을 저장할 겁니다. 옆에 2.x대 파이썬도 보입니다. 버전 3과 2는 차이가 커서 아직까지 양쪽 모두 사용하고 있습니다. 우리는 이 책에서 버전 3.x를 사용할 예정이니 꼭 3.x대 파이썬을 내려받길 바랍니다.

그림 0.2 파이썬 실행파일 저장

저장된 python-3.4.3.msi 파일을 찾아서 마우스로 더블 클릭하면 설치가 시작됩니다.

그림 0.3 파일 열기 경고창

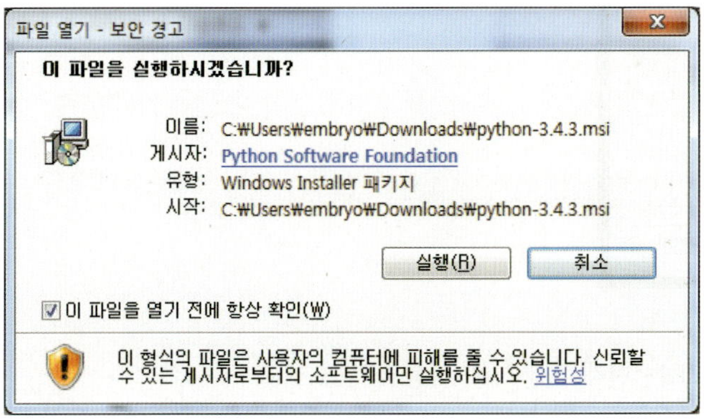

NOTE

현재(2016년 8월 기준) 최신 버전인 3.5.2를 내려받아 설치하면 경고창 다음에 'Install Now'와 'Customize install' 두 가지 선택 사항이 나타날 겁니다. 이 중 'Install Now'를 누르면 바로 설치가 됩니다.

경고창은 컴퓨터에 피해를 주는 프로그램을 잡기 위해 물어보는 과정이므로 실행을 눌러 넘어가 줍니다. 우리가 사용하는 설치파일은 공식 홈페이지에서 받은 것이니 별문제가 없습니다. 될 수 있으면 모두 공식 홈페이지에서 받아 설치하도록 하세요.

그림 0.4 파이썬 사용자 고르기

파이썬을 컴퓨터 사용자 전체가 사용할 수 있게 할지 또는 현재 사용하는 사용자만 사용하게 할지를 묻는 부분입니다. Install for all users를 선택해서 누구나 사용할 수 있게 하겠습니다. Next를 누르세요.

그림 0.5 설치할 디렉터리 수정하기

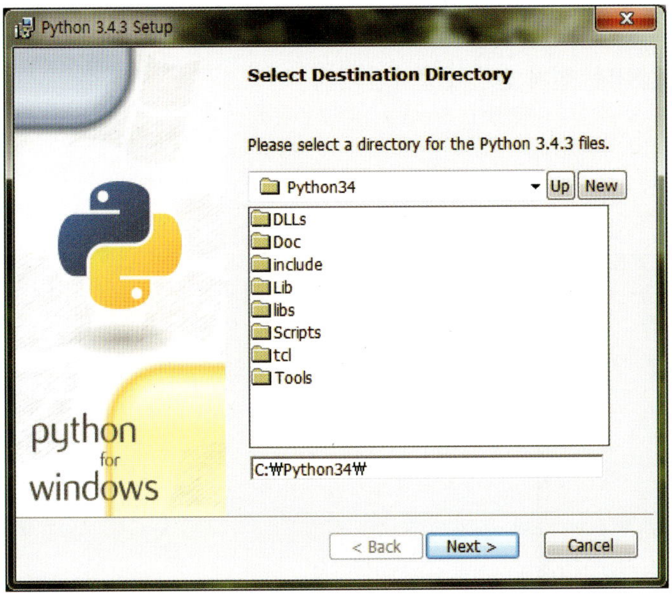

이번에는 어디에 설치할지 물어볼 텐데, 우리는 아직 윈도우 시스템을 전문적으로 아는 사람들이 아니니 따로 선택하지 않고 있는 그대로 Next 버튼을 누르려 합니다. 가장 기본 디렉터리가 C:\Python버전\입니다.

그림 0.6 사용자 설치 화면

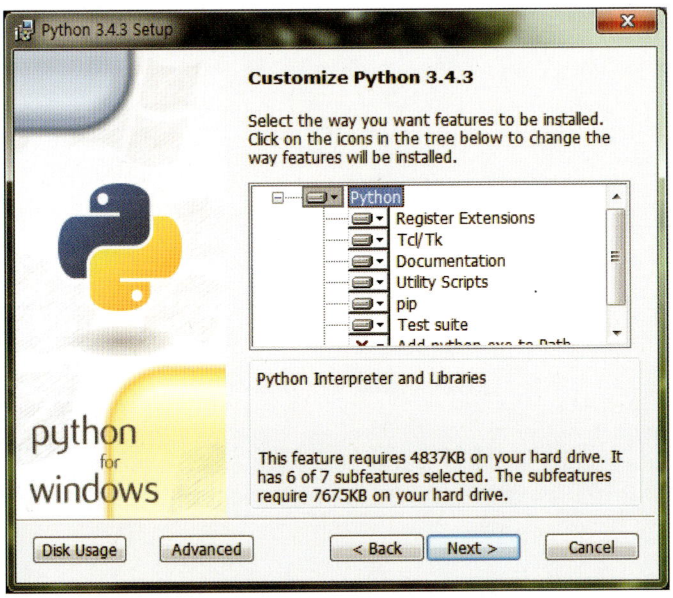

굉장히 전문적으로 하나하나 필요한 기능을 고르는 부분입니다. 우린 초보자니까 그냥 Next를 누르도록 하겠습니다.

지금까지 잘 따라왔다면 다음과 같은 화면이 보일 겁니다. 설치 진행이 끝나면 마지막으로 정말 설치할지 물어보면 OK를 눌러주세요.

그림 0.7 설치 진행 화면

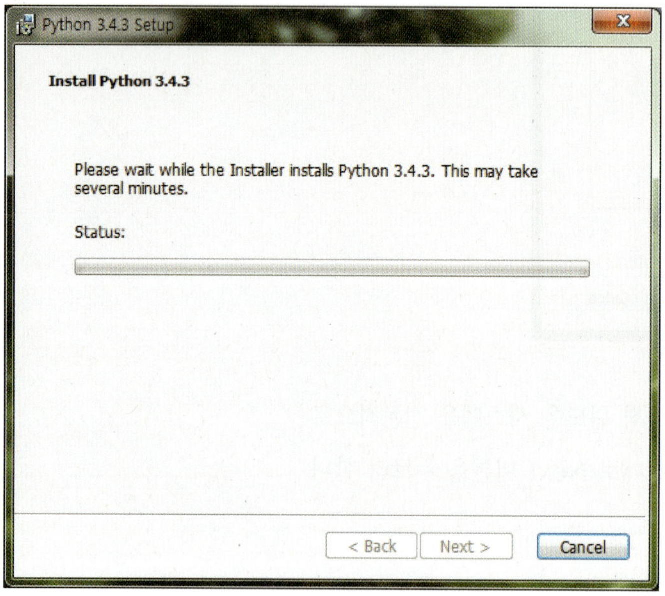

모든 과정을 마치면 이제 다음 화면이 뜰 겁니다. Finish를 누르고 자유롭게 파이썬을 사용해봅시다.

그림 0.8 설치 완료 화면

혹시 이미 다른 버전의 파이썬이 설치되어 있다면 중간에 다음과 같은 화면이 나오기도 합니다. Change Python을 선택하면 대부분 설치에 무리가 없을 겁니다.

그림 0.9 설치 화면

0.2 파이썬 단축 아이콘 만들기

이제 설치한 파이썬을 찾아서 실행해봅시다.

그림 0.10 '시작' 메뉴에서 파이썬이 등록된 위치

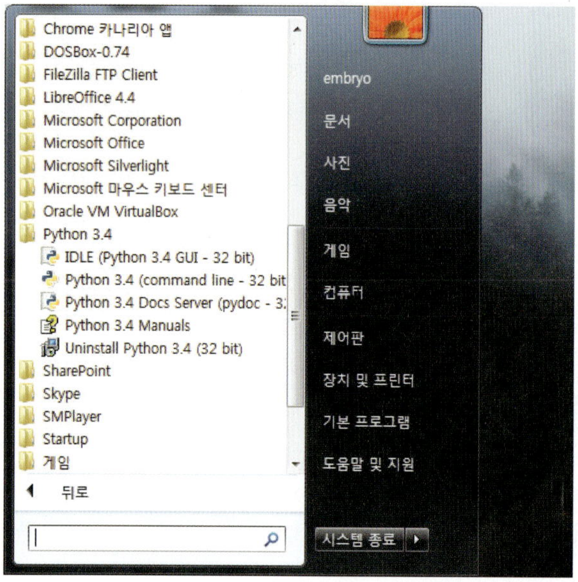

윈도우의 시작 메뉴에서 '모든 프로그램'을 클릭한 다음 'Python 3.4' 항목을 찾습니다. 'IDLE(Python 3.4 GUI – 32 bit)' 항목을 찾아서 마우스를 클릭하면 Python 3.4.3 셸이 실행됩니다.

그림 0.11 파이썬 셸 화면

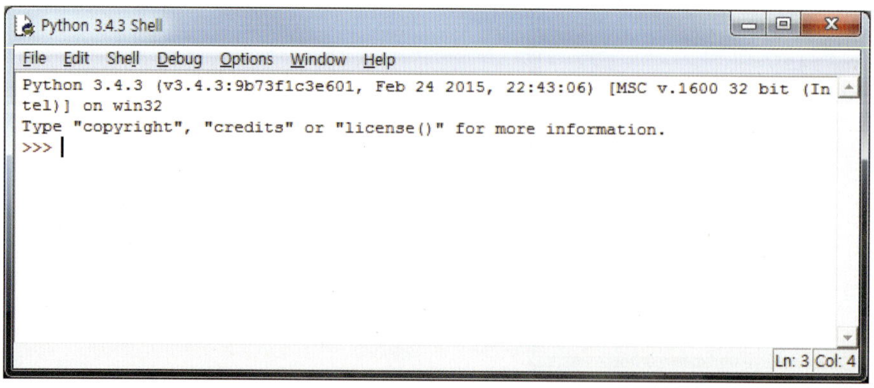

매번 '시작' –> '모든 프로그램' –> 'Python 3.4' 항목을 찾아가지 않고 실행하려면 다음과 같이 처리하면 됩니다.

그림 0.10의 'IDLE(Python 3.4 GUI – 32 bit)' 항목에 마우스 오른쪽 버튼을 클릭하여 '보내기' –> '바탕 화면에 바로 가기 만들기'를 클릭하면 바탕화면에 단축 아이콘이 생성됩니다.

그림 0.12 파이썬 단축 아이콘

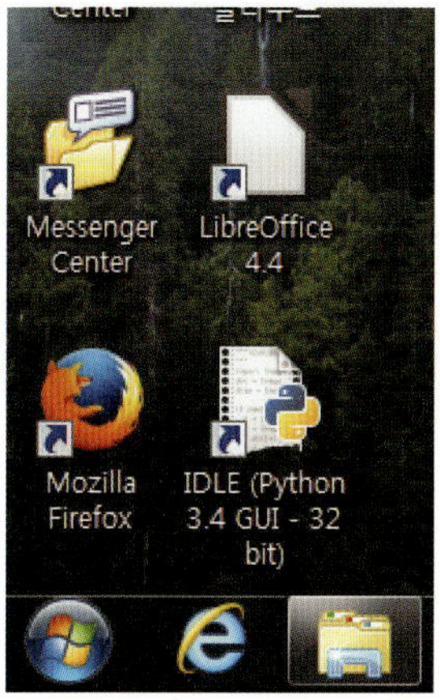

이제부터는 바탕 화면의 'IDLE(Python 3.4 GUI – 32 bit)' 아이콘을 클릭하면 됩니다.

CHAPTER

01

파이썬, IDLE과 첫 번째 프로그램

학습목표

- 컴퓨터 프로그래밍 언어와 우리가 사용하는 언어의 차이점을 알아봅시다.
- 파이썬 프로그래밍 언어를 만나봅니다.
- IDLE이 무엇인지 알고 어디에 얼마나 유용한지 알아봅시다.
그리고 쉽게 프로그램을 실행하는 방법도 배웁시다.
- 내 컴퓨터의 설정을 살펴봅시다.
- 우리의 첫 번째 프로그램을 작성하고 실행합니다.

1.1 코딩이란?

코딩이란 컴퓨터가 일하는 절차를 적는 행위입니다. 코딩으로 완성된 문장을 코드라고 합니다. 코드는 컴퓨터가 이해할 수 있는 형태여야 하기에, 더 공식적으로 말하면 컴퓨터 프로그래밍이라고 합니다.

컴퓨터와 코딩이라는 말이 등장한 지는 오래되지 않았지만, 그 기간 동안 아주 재미있는 발자취를 남긴 것만은 확실합니다. 당시에는 이런 놀라운 발전을 예상하지 못했겠지만, 오늘날 컴퓨터에서 사용하는 처리 절차를 저장하는 첫 번째 기계는 1801년에 발명된 자카드 직조기와 비슷했습니다. 종이에 구멍을 뚫는 천공 카드를 사용했죠. 컴퓨터의 원형을 1837년 찰스 배비지가 고안한 기계에서 찾곤 하지만, 사실 우리가 아는 진짜 컴퓨터는 그 후로 100년이 지나도록 만들지 못했습니다. 우리가 배울 파이썬은 귀도 반 로섬이 1989년에 만들기 시작한 언어인데, BBC의 코미디 프로그램인 '몬티 파이튼의 비행 서커스'에서 이름을 따왔습니다.

1.2 프로그래밍 언어

전 세계에 코딩하는 사람은 많은데 그 수만큼 프로그래밍 언어의 종류도 많습니다. 물론 언어의 특성별로 주로 사용하는 분야가 다릅니다.

- **포트란**: 높은 정밀도가 필요한 계산에 매우 좋습니다. 과학기술언어라고도 불립니다.
- **SQL**: 데이터베이스에서 무언가를 하고 싶을 때 유용합니다. 전화번호부를 예로 들 수 있습니다.
- **파이썬**: 빠르게 프로그램을 작성하거나, 실험적인 프로그램을 구동하거나, 게임을 포함한 대규모의 프로그램을 작성할 때 훌륭합니다.

이전에 스크래치 프로그래밍을 해봤다면, 파이썬을 배우기가 훨씬 쉬울 겁니다. 스크래치는 게임을 만들거나 프로그래머처럼 생각하는 방법을 익히기에 아주 좋은 교육용 프로그램입니다. 스크래치를 몰라도 상관없습니다. 새로운 프로그래밍 언어를 익히는 능력은 프로그래머에게 매우 중요하니 파이썬으로 시도해보면 됩니다.

직접 해보면 외국어를 배우는 일보다는 훨씬 쉬울 겁니다.

프로그래밍 언어는 하나만 제대로 배우면 다른 언어도 빠르게 배울 수 있습니다. 새 프로그래밍 언어를 배우며 변수, 반복문(루프) 등등을 어떻게 다루는지 금방 찾아낼 수 있습니다.

1.3 파이썬

파이썬은 전형적인 컴퓨터 언어입니다. 짧은 프로그램을 매우 빠르게 작성할 수 있고, 상상하는 거의 모든 것을 만들어낼 수 있습니다.

파이썬은 NASA나 유튜브에서 사용하는 매우 강력하면서도 현대적인 언어입니다. 또한, 구글 앱을 만들 때도 사용한 언어입니다. 뭐 다른 두 가지 언어도 더 있지만, 이렇듯 파이썬은 매우 훌륭한 언어입니다. 지금부터 배워보도록 하겠습니다.

1.4 IDLE

파이썬에서 기본으로 제공하는 IDLE로 프로그래밍을 시작할 수 있습니다. IDLE을 쉽게 설명하자면 MS워드와 비슷한 텍스트 편집기입니다. 다만, 파이썬 코드를 이해하고 우리가 코드를 제대로 작성했는지 확인하는 기능이 있다고 생각합시다. 사실 IDLE도 파이썬으로 제작된 프로그램입니다. 아직 말이 어렵겠지만 차차 살펴보도록 하겠습니다.

IDLE을 살펴보겠습니다.

그림 1.1 애플 컴퓨터에서 실행해본 IDLE

```
Python Shell
Python 3.2.1 (v3.2.1:ac1f7e5c0510, Jul 9 2011, 01:03:53)
[GCC 4.2.1 (Apple Inc. build 5666) (dot 3)] on darwin
Type "copyright", "credits" or "license()" for more information.
>>>
Ln: 4 Col: 4
```

프롬프트가 보이면 여기에 실행하고 싶은 코드를 적습니다.

```
>>> 여기에 코드를 적습니다.
```

return 키를 눌러 실행해봅시다(애플의 컴퓨터에는 return 키와 IBM 계열의 컴퓨터에는 Enter 키는 동일한 기능을 합니다). 이 방식이 바로 IDLE의 **대화형 모드**로 파이썬을 실행하는 방법입니다. 파이썬은 파일로도 실행할 수 있지만, 그냥 이걸로도 충분합니다.

이번엔 윈도우에서 어떻게 보이는지 살펴보겠습니다.

그림 1.2 윈도우 컴퓨터에서 실행해본 IDLE

```
Python Shell
File Edit Shell Debug Options Windows Help
Python 3.2.1 (default, Jul 10 2011, 20:02:51)
[MSC v.1500 64 bit (AMD64)] on win32
Type "copyright", "credits" or "license()" for more
information.
>>>
Ln: 3 Col: 4
```

리눅스라고 들어봤을지 모르겠지만 리눅스 컴퓨터에서 어떻게 보이는지 살펴봅시다.

그림 1.3 라즈베리파이 컴퓨터에서 실행해본 IDLE

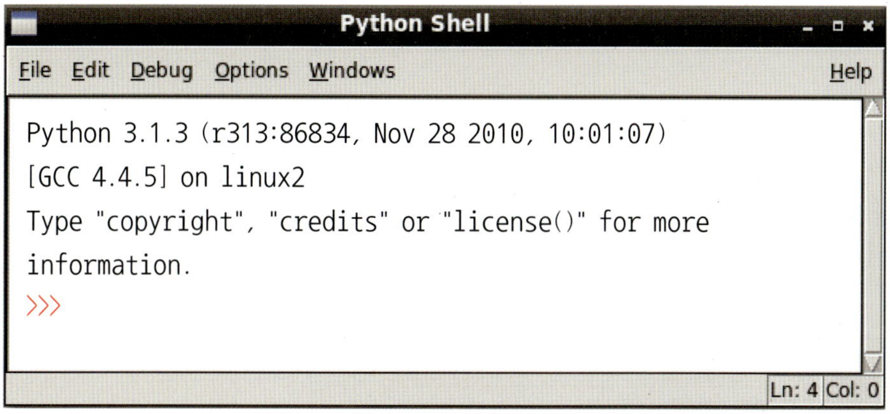

세 가지를 살펴봤는데 모두 비슷해 보일 겁니다. 이렇게 다른 컴퓨터 환경에서도 비슷하게 보이기에 우리는 IDE(통합개발환경)로 IDLE을 사용해서 파이썬을 배우려 합니다.

'>>>' 프롬프트 이전에 나오는 말은 우리가 사용하는 파이썬의 버전을 알려주니 유심히 살펴봅시다. 버전이 다르면 책의 화면과 결과가 다를 수도 있습니다.

1.5 Hello World!

프로그래밍이 처음 생겨난 이래로 프로그래머들은 새로운 언어를 배우는 첫 번째 프로그램으로 'Hello World'를 작성합니다. 일종의 전통이자 상징인데 컴퓨터가 세상을 향해 'hello!'라고 말하는 겁니다. 우리가 ABC를 배우고 "I'm a girl!" 또는 "I'm a boy!"를 배우는 것과 비슷합니다. 컴퓨터로 'Hello World!'라고 말할 수 있다면 컴퓨터로 뭐든지 할 수 있는 준비가 됐다는 뜻입니다.

1 IDLE을 실행합니다.

2 '>>>' 프롬프트 다음에 **CODE BOX 1.1**의 내용을 적고 엔터 키를 누릅니다.

CODE BOX 1.1

```
print("Hello World!")
```

제대로 했다면 다음 화면을 볼 수 있을 겁니다.

그림 1.4 Hello World!

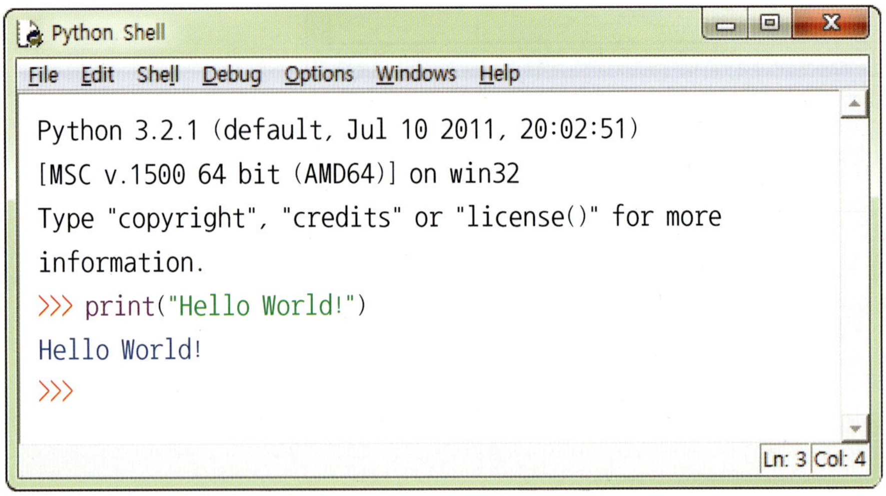

파이썬은 우리의 명령을 이해하고 'Hello World!'라고 **출력**output했습니다.

이게 바로 우리의 첫 프로그램입니다.

1.6 실수를 했다면

1.6.1 Syntax Error가 보이나요?

걱정하지 마십시오. Syntax Error는 일반적인 오류입니다. 오류가 한두 개 보여도 위축되지 마세요. 컴퓨터는 우리보다 계산은 빠르지만, 사실 약간은 좀 답답한 구석이 있습니다. 우리가 코드를 작성하며 조금만 실수해도 컴퓨터는 이해하지 못하겠다며 오류 메시지를 내밉니다. 그러면 우린 그냥 오류 메시지를 보고 무슨 실수를 했나 생각하면 됩니다. 정말 작은 실수라면 금세 원인을 찾겠지만 때로는 어려울 때도 있습니다.

파이썬에서는 콜론, 괄호, 큰따옴표, 작은따옴표를 비롯해서 단어의 철자까지 정확히 사용해야 합니다. 우리끼리야 "밥은?"이라고 물었을 때 상황에 따라 '밥이 남았느냐?', '밥은 먹었느냐?' 등으로 이해할 수 있겠지만 컴퓨터는 정확히 물어봐야 합니다.

다음 QUICK QUIZ에서 오류를 찾아보겠습니다.

QUICK QUIZ 1.1

제대로 작성한 코드는 몇 번입니까?

1. `Print("Hello world!")`
2. `print("Hello world!")`
3. `print(Hello world!)`
4. `print "Hello world!"`

힌트를 주자면 코드의 색을 유심히 보십시오. 이 책의 모든 코드는 IDLE에서 표준으로 보여주는 색과 같습니다. 이 힌트가 코드에서 **버그**의 위치를 찾는 데 도움이 될 겁니다.

이렇게 1장이 끝났습니다.

요점 정리

1장에서 배운 내용입니다.

- 프로그래밍(또는 코딩)이란 컴퓨터의 수행절차를 적는 일입니다.
- 프로그래밍 언어는 종류가 많습니다.
- 파이썬은 배우기 쉬운 언어입니다.
- IDLE에서 대화형 모드를 사용하는 방법
- 'Hello World' 프로그램을 작성하고 실행하는 방법
- `print()`는 ()의 내용을 화면에 보여달라는 명령입니다.

IDEA 1

1. 친구에게 고맙다고 말하는 짧은 메시지를 출력하는 코드를 작성해봅시다.
2. 메시지가 화면에 보이도록 프로그램을 실행해봅시다.
3. 옆 친구에게 화면을 보여주세요.

IDEA 2

1. 컴퓨터가 농담을 건네는 코드를 작성해봅시다.

```
>>> print("농담1: 바나나를 먹으면 반하나?")
농담1: 바나나를 먹으면 반하나?
>>> print("농담2: 시드니에 가면 꽃이 시드니?")
농담2: 시드니에 가면 꽃이 시드니?
>>>
```

CHAPTER

02

몇 개의 문장, 계산과 반복문 들어가기

학습목표

- 더 많은 문장을 사용하는 방법에 대해 배웁니다.
- 파이썬으로 수학 문제를 풀어봅니다.
- while 반복이 어떻게 동작하는지에 대해 배웁니다.
- 여러 유용한 연산자를 살펴봅니다.

2.1 문자열

2.1.1 특수 문자열

IDLE 프로그램을 대화형 모드로 열고, **CODE BOX 2.1**의 코드 내용을 입력해봅시다.

CODE BOX 2.1

```
print("Question: What goes clip?\nAnswer: A one legged horse.")
```

엔터 키를 누르면 무슨 일이 일어날까요? \n(책에 있는 \는 키보드마다 \나 ₩로 표시되어 있을 겁니다. 하지만 코드로 입력하면 ₩로 보일겁니다. 같은 글자이니 틀렸다고 생각하지 마세요.)의 역할이 뭔가 특별하다는 걸 느꼈나요? \n은 이스케이프 시퀀스, 즉 **특수 문자열**의 대표적인 예입니다. **표 2.1**에 자주 쓰는 특수 문자열을 정리해봤습니다.

표 2.1 특수 문자열

특수 문자열	내용
\n	문자열의 줄을 바꿔줍니다.
\t	문자열에 탭 형식의 들여쓰기를 삽입합니다.
\\	문자열에 \(역슬래시) 문자를 표현합니다.
\"	문자열에 인용 부호를 표현합니다.

EXPERIMENT

표 2.1에 등장하는 특수 문자열이 어떻게 동작하는지 알아보려면 IDLE로 각 특수 문자열이 골고루 나타나는 프로그램을 작성해봅시다. 여러 개 만들어도 좋습니다.

2.1.2 역슬래시

마지막으로 등장하는 두 개의 특수 문자열은 혼란스러울 수 있습니다. 그렇다면 **CODE BOX 2.2**의 코드를 입력하여 실행해봅시다.

CODE BOX 2.2

```
print("Here is a speech mark: \" and here is a slash: \\")
```

CODE BOX 2.3을 통해 특수 문자열 없이 인용 부호를 사용하는 방법을 알아보겠습니다. CODE BOX 2.3을 보면 문자열을 작은따옴표로 감싸면 그 안에서 문자열에 인용 부호를 사용할 수 있습니다. 하지만 이 방법은 조심해야 합니다. 자칫하면 따옴표를 열었는지 닫았는지 헷갈려서 엄청난 문법 오류 메시지를 만날 수 있습니다.

CODE BOX 2.3

```
print('I say "High", you say "Low". You say "Why?" and I say "I don\'t know". Oh no.')
```

파이썬에서는 역슬래시를 종종 '탈출(이스케이프)'하는 데 사용합니다. 1장에서 살펴봤듯이 어떤 문자를 화면에 찍으려면 인용 부호로 감싸줍니다. "Hello World!"가 그랬죠. 그런데 진짜 인용 부호만을 출력하고 싶다면 인용 부호 앞에 역슬래시를 넣습니다. 그리고 역슬래시를 출력하고 싶다면 역슬래시를 한번 더 넣으면 됩니다. 바로 \\ 이렇게 말입니다.

2.1.3 함수

미리 뒷내용을 말해주자면 print()는 **함수**입니다. 함수는 4장에서 자세히 설명하겠습니다. print() 함수는 우리가 괄호 안에 적은 문자를 화면에 출력하는 일을 합니다. 쉼표(콤마)로 분리되어 있어야 하고, 출력할 **문자열**은 인용 부호 안에 있어야 합니다. 괄호 안의 모든 것은 순서대로 출력됩니다. 계산의 결괏값도 출력할 수 있지만, 계산식을 인용 부호 안에 넣어서는 안 됩니다. 계산식을 인용 부호 안에 넣으면 어떻게 될지 궁금하다면 직접 해보시기 바랍니다.

괄호 안에 특수 문자열도 쓸 수 있으니 다양한 방식으로 프로그램을 만들어봅시다.

2.2 수학 계산

딱 두 가지만 기억하면 파이썬을 계산기로 사용할 수 있습니다.

1 파이썬은 물론 거의 모든 프로그래밍 언어에서 별표(*)를 곱하기 기호로 씁니다.

2 나누기 기호는 슬래시(/)입니다.

```
>>> 10/4
2.5
>>> 3*3
9
>>>
```

그런데 파이썬에는 나누기를 하는 다른 방법이 있습니다. 보통 나누기는 슬래시를 한 개 사용하는데 두 개를 사용하면 나누기 값이 **정수** 값으로 떨어집니다. 정수는 완전한 숫자입니다(2.5처럼 소수점이 있는 숫자는 **실수**입니다). 나누기에서 나오는 나머지 값을 구하려면 % 기호를 써서 표시합니다.

```
>>> 11/4
2.75
>>> 11//4
2
>>> 11%4
3
>>>
```

표 2.2는 추가적인 산술 연산자의 목록입니다.

표 2.2 산술 연산자

연산자	의미	예제	결괏값
*	곱하기	2*3	6
/	나누기 (일반)	20/8	2.5
//	나누기 (정수값만)	20//8	2
%	나머지	20%8	4
+	더하기	2+3	5
-	빼기	7-3	4

EXPERIMENT

대화형 모드에서 **표 2.2**의 예제를 입력해봅시다. 답이 정확하다면 이제 `print()` 함수에서 인용 부호로 계산 합계를 감싸면 어떤 일이 벌어지는지 해봅시다.

2.3 문자와 수학 결합하기

`print()` 함수로 숫자와 문자(혹은 문자열)를 결합할 수도 있습니다. 그리고 숫자와 문자열을 구분하는 데 쉼표(콤마)를 사용합니다.

```
>>> print("111을 4로 나누면? ", 111/4)
111을 4로 나누면? 27.75
>>>
>>> print("11을 4로 나누면? ", 11/4)
11을 4로 나누면? 2.75
>>>
```

QUICK QUIZ 2.1

다음 코드의 출력 결과는 무엇입니까? 실행해보기 전에 먼저 생각해봅시다.

```
>>> print("11을 4로 나누면? ", 11//4, " 나머지는? ", 11%4)
```

2.4 반복문

사람은 같은 일을 계속 반복하면 쉽게 지치는 반면 컴퓨터는 오히려 이런 반복하는 일을 처리하는 데 강점이 있습니다. 이런 반복적인 일이 컴퓨터에 적격일 뿐만 아니라 처리 속도도 빠릅니다. 하지만 컴퓨터는 혼자 처리하지 못하고 누군가가 그걸 어떻게 반복해서 해야 하는지 말해줘야 합니다. 지금부터 배울 **while 반복**은 이러한 일에 사용할 수 있습니다. 지금부터 살펴볼 코드는 어떤 것이 참인 동안 실행되다가 거짓이 될 때 멈추는 코드입니다.

그럴 리는 없겠지만 다른 수업 중에 프로그래밍을 하다가 교수님께 들켰다고 생각해봅시다. 화가 난 교수님은 "나는 수업 시간에 프로그래밍을 하지 않겠습니다."를 50번 반복하라고 하셨습니다. 이럴 때 쓰는 게 바로 반복문입니다.

IDLE을 대화형 모드로 열어 **CODE BOX 2.4**의 코드를 입력합니다. **CODE BOX** 안의 코드를 입력한 다음 엔터 키를 누릅니다.

CODE BOX 2.4

```
>>> lines=0
>>> while lines < 50:
        print("나는 수업 시간에 프로그래밍을 하지 않겠습니다.")
        lines = lines+1
```

다른 방법으로도 할 수 있습니다.

CODE BOX 2.5

```
>>> print("나는 수업 시간에 프로그래밍을 하지 않겠습니다.\n" *50)
```

왠지 CODE BOX 2.5의 코드 내용이 더 좋아 보입니다. 무슨 일이 일어나는지 주의 깊게 살펴봅시다. 잘 모르겠다면 실행해보세요. CODE BOX 2.4의 코드가 좀 길다고 느껴질 텐데 실제로 프로그래밍에서 복잡한 일을 수행할 때 유용하며 더 자주 쓰입니다. while 반복을 사용하면 1부터 100까지 숫자를 세도록 컴퓨터에 시킬 수 있습니다. CODE BOX 2.6의 내용을 입력하고 실행해봅시다.

CODE BOX 2.6

```
>>> number=1
>>> while number < 101:
        print(number)
        number = number+1
```

2.4.1 while 반복은 어떻게 동작하는가?

변수

뭔가를 시작하려면 **변수**를 만들고 여기에 값을 넣어줍니다. 변수는 컴퓨터의 메모리에 자리 잡는데, 예를 들면 문자열이나 정수 등을 변수에 저장할 수 있습니다. 그리고 변수에다가 이름을 지어줄 수 있습니다. CODE BOX 2.6을 보면 'number'가 변수 이름이며 여기에다 **등호 연산자**로 값 '1'을 부여했습니다.

그다음 줄의 코드 while number<101:은 "number 변수가 101보다 작은 동안 그다음에 오는 뭔가를 실행하라"라고 말하네요. 콜론(:) 다음에 들여쓰기를 하는 모든 코드는 while 반복에 속해서 컴퓨터에 의해 반복되어 실행됩니다. 따라서 다음 두 줄의 코드는 number가 101보다 작을 때는 계속 반복됩니다.

```
number=1
while number < 1:
    print(number)
    number = number+1
```

- number=1: 변수를 만들고 1이라는 값을 넣어줍니다.
- while number < 1: 콜론 다음으로 들여쓰기를 한 모든 코드를 실행합니다.
- print(number): 여기에는 인용 부호가 없는데 "number"라는 단어가 아니라 변수 number의 값을 찍으라는 뜻입니다.
- number = number+1: 변수 number를 1씩 증가시킨다는 뜻입니다.
- IDLE에서 자동으로 들여쓰기가 됩니다.

마지막 코드인 number = number+1이 반복문 안에 있습니다. 이것은 반복할 때마다 number 값을 1씩 증가시킵니다. 변숫값은 아무 때나 등호(=)를 사용해서 바꿀 수 있다는 걸 잊지 마세요.

> **NOTE 등호**
>
> 여기서 쓰인 등호(=)는 수학의 등호와는 다릅니다. 컴퓨터에서 등호는 '자료에서 변수 이름을 가리키는' 의미입니다(예를 들면 숫자 같은 것). 그래서 number=1이라는 의미는 "number라는 이름의 변수를 만들고, 그것이 1이라는 숫자를 가리키도록 하라"라는 뜻입니다. 다른 말로는 "number라는 변수에 값을 할당한다"라고도 한답니다. 나중에 우리는 number에 또 다른 값을 할당할 겁니다.

연산자

while 반복에서 사용할 수 있는 연산자가 몇 가지 더 있습니다. **표 2.3**을 봅시다. ==는 등호의 또 다른 버전입니다. ==는 수학의 등호와 더 비슷한 형태로 **비교 연산자**의 예입니다. 따라서 while number==1:의 의미는 "number라는 변수가 1인 동안 다음을 실행하라"라는 뜻입니다.

표 2.3 비교 연산자

연산자	의미	연산자	의미
==	~와 같으면	!=	~와 같지 않다면
>	~보다 크면	<	~보다 작으면
>=	~보다 크거나 같으면	<=	~보다 작거나 같으면

==는 두 개 값을 비교하는 데 사용하고, =는 어떤 변수에 값을 집어넣는 데 사용합니다.

요점 정리

2장에서 배운 내용입니다.

- `print()` 함수의 여러 사용법
- 수학 문제를 간단하게 코드로 작성하고 실행하는 방법
- 문자열과 수학과 숫자가 섞여 있는 것을 출력하는 방법
- 비교 연산자 사용법과 `while` 반복을 작성하는 방법

PUZZLE 2.1

IDLE을 실행한 다음, 컴퓨터가 2씩 20까지 세는 코드를 작성해봅시다.

PUZZLE 2.2

컴퓨터가 다음과 같이 구구단 5단을 출력하도록 작성해봅시다.

```
1 x 5 = 5
2 x 5 = 10
3 x 5 = 15
```

(**힌트:** 숫자를 세는 용도의 변수가 필요할 텐데 number라고 합시다. 그다음엔 한줄에 어떻게 표현할지 생각해봅시다. 그리고 이제 그걸 10번 반복하면 됩니다.)

PUZZLE 2.3

다음 코드를 다른 방식으로 작성해봅시다.

```
>>> number=1
>>> while number < 101:
        print(number)
        number = number+1
```

그리고 < 연산자 없이 코드를 새로 작성해봅시다. 대신에 각각의 프로그램에서 다음의 비교 연산자 중에 하나를 사용해야 합니다.

<=   >   !=

PUZZLE 세 개의 답은 www.codingclub.co.uk 웹사이트에서 찾을 수 있습니다.

CHAPTER

03

읽을 수 있는 코드와 MyMagic8Ball 게임

학습목표

- 스크립트 모드로 파이썬 파일을 작성하고 저장합니다.
- 읽기 쉬운 코드를 작성하는 방법을 배워봅시다.
- 파이썬 파일을 실행합니다.
- 입력 받는 방법을 배웁시다.
- `if`와 `else`에 대해서 알아봅시다.
- MyMagic8Ball 게임을 만들어봅시다.

드디어 게임을 만들어 볼 시간입니다.
우리가 만들 게임은 'MyMagic8Ball'인데 같은 이름의 장난감이 있습니다.
마음 속으로 질문을 한 다음 이 장난감을 흔들면 답을 해주는 신기한 장난감입니다.

3.1 스크립트 모드

IDLE을 대화형 모드로 열고 *File* 메뉴에서 *New File*을 선택합니다. 새로 생긴 창에는 아무것도 없을 겁니다. 여기에 우리가 명령어를 입력하고 파일로 저장하면 **스크립트 모드**로 동작합니다. 저장할 때 파이썬 코드라는 걸 알려줘야 하니 파일 이름 끝에는 반드시 *.py*를 붙입니다.

그림 3.1 IDLE – 왼쪽은 대화형 모드, 오른쪽은 스크립트 모드

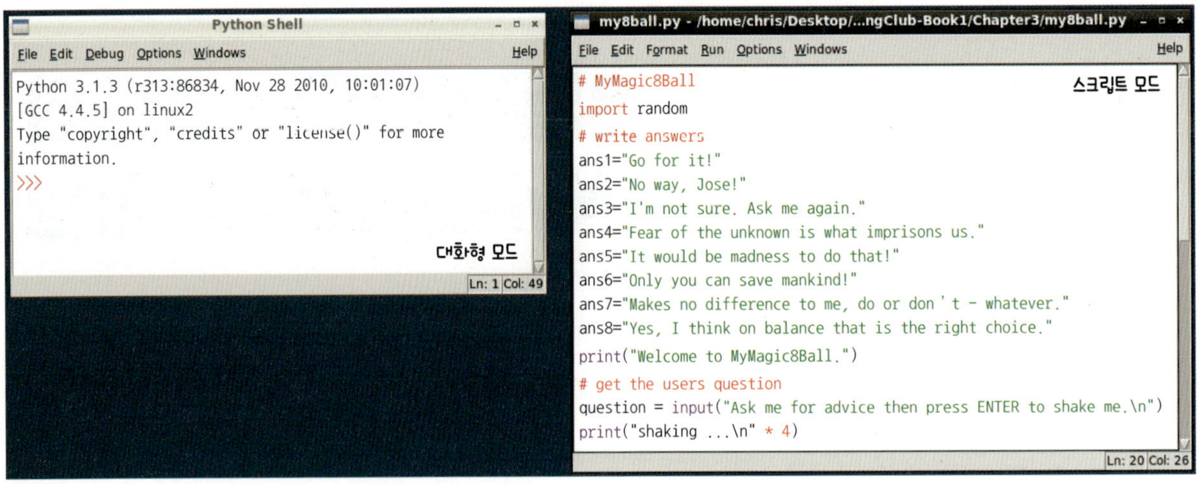

스크립트 모드의 창에 **CODE BOX 3.1**의 내용을 입력해봅시다. 우리가 만들 게임, 'MyMagic8Ball'의 시작입니다.

CODE BOX 3.1

```
# MyMagic8Ball

import random

# 답변을 입력해봅시다.
ans1="자! 해보세요!"
ans2="됐네요, 이 사람아"
ans3="뭐라고? 다시 생각해보세요."
ans4="모르니 두려운 것입니다."
ans5="칠푼인가요?? 제 정신이 아니군요!"
```

```
ans6="당신이라면 할 수 있어요!"
ans7="해도 그만, 안 해도 그만, 아니겠어요?"
ans8="맞아요, 당신은 올바른 선택을 했어요."
```

자, 이제 *File* 메뉴의 *Save*를 선택하여 작업 내용을 저장하세요. Document 폴더 안에 '*Python Code*'라는 폴더를 만들어 놓고 우리가 작성할 모든 코드를 저장하는 방법을 추천합니다. 이왕이면 폴더는 각 부와 챕터별로 따로 만드는 걸 권합니다. 자칫하면 나중에 어떤 파일인지 헷갈리는 일이 분명 있을 겁니다. 지금 만든 파일은 이름을 *myMagic8Ball.py*라고 해둡시다.

3.1.1 CODE BOX 3.1 설명

기호

#을 만나면 컴퓨터는 그 줄의 나머지 문자를 무시합니다. 이런 것을 **주석**이라 부르며 컴퓨터가 아닌 사람을 위한 메모로 주석 뒤의 문자는 실행하지 않습니다. 우리는 CODE BOX 3.1에서 주석을 두 개 처리했습니다.

모듈

코드에서 첫 줄의 `import random`은 파이썬의 예약어 `import`를 사용한 문장입니다. `import` 뒤에는 파이썬의 모듈을 적습니다.

모듈은 특별한 코드로 만들어진 파이썬 파일인데 이렇게 모듈로 만들면 코드를 다시 쓰지 않고 불러들여 쓸 수 있습니다. 모듈은 종류도 많아서 파이썬 프로그램을 작성하는 동안 곳곳에서 불러다 쓸 예정입니다. `import random`으로 이 모듈에 속한 **함수**를 이후 코드에서 사용할 수 있습니다(함수는 4장에서 자세히 다루겠습니다).

문자열 변수

코드의 마지막 8줄은 전부 나중에 사용할 문자열을 저장한 변수입니다. 그런데 아마 어떤 걸 변수 이름으로 써야 하는지 궁금할 겁니다. 변수 이름의 수수께끼는 31개의 파이썬 예약어가 풀어줄 겁니다.

> **NOTE 파이썬 예약어**
>
> 파이썬에는 예약어가 31개 있습니다. 프로그램에서 이 예약어는 변수 이름으로 사용할 수 없습니다. 예약어는 다음과 같습니다.
>
> ```
> and as assert break class continue def del elif else except finally
> for from global if import in is lambda nonlocal not or pass print
> raise return try while with yield
> ```
>
> 또한 몇몇 특수한 글자와 밑줄도 변수 이름으로 사용할 수 없습니다.
>
> ```
> & ! @ $ * () ? : ; [ ] " < > ' ` | = { } \ /. 빈칸
> ```
>
> 숫자는 변수 이름으로 사용할 수 있으나 변수 이름 맨 앞에는 쓸 수 없습니다. 코드에서 ans1은 변수 이름으로 사용할 수 있으나 1ans는 쓸 수 없습니다.

3.2 코드를 깔끔하게 작성하기

코드를 작성할 때는 나중에 코드를 다시 읽기 쉽게 작성해야 합니다. 이건 매우 중요한 일인데 그걸 어떻게 작성했는지 잊어버릴 때가 있기 때문입니다(강의노트에 필기를 했는데 너무 엉망진창으로 써서 필기한 내용을 모르면 억울하겠죠). 또한 코드를 읽기 쉽게 작성해두면 다른 사람도 쉽게 잘 이해할 수 있습니다.

3.2.1 빈칸

자바, PHP, C++ 등을 들어봤을 겁니다. 많이 사용하는 컴퓨터 프로그래밍 언어인데 이 언어로 짠 코드를 살펴보면 중괄호로 코드의 상당 부분을 그룹으로 묶어줍니다. 그리고 문장의 끝에는 세미콜론(;)이 있습니다. 다음은 자바 코드의 일부분입니다.

자바 코드

```
{
    private int current_floor = 0;
    public int getFloor()
    {
        return current_floor;
    }
    public void moveToFloor(int floor_number)
    {
        current_floor = floor_number;
    }
}
```

이 코드를 모른다고 걱정할 필요는 없습니다. 자바 같은 언어에서 세미콜론을 하나라도 빼먹으면 프로그램이 제대로 실행되지 않을 수 있습니다. 다행히 파이썬에서는 세미콜론이나 중괄호를 요구하지 않습니다.

파이썬은 그냥 평범하게 한 줄을 끝내고 다음 줄로 넘어가면 됩니다. 세미콜론을 넣었는지 염려할 필요가 없으니 훨씬 쉽겠죠?

파이썬에서는 중괄호 대신에 코드를 그룹으로 묶고 싶으면 들여쓰기를 합니다. 대신에 꼭 네 칸을 들여써야 합니다. IDLE에서는 엔터 키를 누르면 필요한 때 자동으로 들여쓰기를 해줍니다. 들여쓰기는 인덴트[indent]라고도 하며 코드에서는 빈칸으로 보입니다. 그냥 스페이스 바를 네 번 눌러주는 겁니다. 앞의 자바 코드는 다음처럼 파이썬 코드로 표현할 수 있습니다. 내용은 여전히 몰라도 됩니다.

파이썬 코드

```
class Lift():
    current_floor=0

    def getFloor():
        return current_floor

    def moveToFloor(floor_number):
        current_floor = floor_number
```

NOTE 예약어

파이썬과 달리 다른 언어에는, 예를 들어 public, private, int, void 등 자바에는 예약어가 더 많습니다. 그 이유는 이런 언어는 매우 엄격해서 정확히 코드에 표현해야 하기 때문입니다. 예를 들어 자바에서 int는 정수형이라는 뜻입니다. 코드에서 정확히 정수라는 걸 알려주는 용도죠. 반면에 파이썬에서는 그것이 정수인지 문자열인지를 프로그래머가 판별합니다. 이처럼 어느 언어든 장단점이 있습니다.

앞서 파이썬 코드에 예약어 class와 def가 나왔습니다. 특별히 class를 다루지는 않겠지만, 5장 프로젝트 예제에서 다시 만날 수 있습니다. def는 4장에서 다룰 예정입니다.

3.2.2 주석 또는 코멘트

앞에 설명한 파이썬 코드를 모르는 건 당연합니다. 우린 배운 적이 없으니까요. 설사 이 책을 끝까지 읽었는데도 모를 수 있습니다. 왜냐하면 다른 사람의 코드를 읽는 것은 어렵기 때문입니다. 그리고 코드는 컴퓨터를 위한 언어지 사람을 위한 언어가 아니니까요. 대신에 코드에 # 기호를 붙여 설명을 넣어줄 수 있습니다. 이런 것을 주석 또는 코멘트라고 합니다.

위의 파이썬 코드에 주석을 넣어보겠습니다.

굉장히 많이 붙은 주석

```
# 여기부터는 Lift class입니다.
# 영국에서는 엘리베이터를 리프트(lift)라고 칭합니다.
# 또 영국에서는 우리나라의 1층이 0층입니다. 컴퓨터가 0부터 수를
# 세는 것과 같습니다.
class Lift():
    # 엘리베이터는 0층에서 시작합니다.
    current_floor=0

    # 엘리베이터를 찾는 방법
    def getFloor():
        return current_floor

    # 엘리베이터를 움직이는 방법
    def moveToFloor(floor_number):
        current_floor = floor_number
```

주석은 얼마든지 넣을 수 있습니다만 때로는 이름만 봐도 알 수 있게 간결하게 이름을 정하는 편이 더 좋습니다. 코드에 사용한 이름을 보면 Lift(엘리베이터), current_floor(현재 층), getFloor(층수를 얻다), moveToFloor(층으로 이동하다), floor_number(몇 층)입니다. 파이썬 예약어는 class와 def만 보입니다.

3.2.3 변수 이름 정하기

변수가 있어야만 숫자나 어떤 문자를 저장할 수 있습니다.

변수는 항상 저장될 내용을 설명하는 이름으로 지어주는 게 좋습니다. 그리고 항상 소문자로 시작해야 하며, 여러 단어를 합성할 때는 my_own_variable처럼 밑줄로 단어를 구분 지을 수 있습니다.

3.3 사용자 입력 받기

이번에는 사용자가 직접 입력하게 해봅시다. 파이썬에서 사용자가 입력하는 일은 굉장히 쉽게 처리할 수 있습니다. 바로 input() 함수를 사용하면 됩니다. 이 함수는 주어진 만큼의 문자열을 화면에 뿌리는 print() 함수와 비슷합니다. 다른 점이 있다면 input()은 한 번에 문자열을 하나만 받을 수 있고 사용자가 엔터 키를 누를 때까지 기다린다는 점입니다. 이 말은, 즉 프로그램을 일시 중지하거나 사용자가 준비될 때까지 기다려야 하는 상황에 input()을 사용할 수 있다는 뜻입니다. 그 외에도 한 가지 기능이 더 있는데 엔터 키를 누르기 전까지 사용자가 입력한 모든 문자열을 반환할 수 있습니다. 다음과 같이 사용해서 문자열 값을 저장할 수도 있습니다.

```
keyboard_input = input("아무거나 입력해보세요.")
```

EXPERIMENT

- 대화형 모드에서 **CODE BOX 3.2**의 내용을 입력해 어떻게 동작하는지 살펴봅시다. 컴퓨터가 이름을 물어보면 이름을 입력하고 엔터 키를 누르면 코드가 완성됩니다.

CODE BOX 3.2

```
>>> name = input("이름이 뭔가요?\n")
>>> print("안녕 ", name)
```

- input()을 가지고 무엇을 할 수 있는지 한번 해봅시다.
- print()와 input()을 함께 쓰면 입력만으로는 불가능한 문자열과 수학의 복잡한 조합을 가능하도록 만들 수 있습니다. 어떻게 해결 가능한지 한번 해봅시다. (**힌트:** 복잡한 print() 함수를 한번 써본 다음, 그냥 한번 input() 함수를 써보세요.)

이제 스크립트 모드로 돌아가보겠습니다.

*myMagic8Ball.py*에서 변수 8개를 입력했습니다. 변수 다음에 한 줄을 띄고 **CODE BOX 3.3**의 내용을 입력합니다.

CODE BOX 3.3

```
print("MyMagic8Ball에 오신 것을 환영합니다.")
# 사용자의 질문을 입력 받습니다.
question = input("조언을 구하고 싶으면 질문을 입력하고 엔터 키를 누르세요.\n")
print("고민 중...\n" * 4)
```

question 변수는 input() 함수의 결괏값을 받아옵니다. 즉 question 변수에는 엔터 키를 누르기 전에 사용자가 입력한 것이 무엇이든, 그 값을 저장합니다. 게임의 초기 버전에서는 question 변수를 사용하지 않았습니다. 사실 게임을 할 때는 말로 하면 되니까요. 하지만 이 입력값을 저장하는 것은 나중에 게임을 수정하려 할 때를 대비한 훌륭한 설계입니다. 이제 이 코드의 나머지 부분은 모두 이해가 됐을 겁니다. 혹시 **CODE BOX 3.3**의 마지막 줄이 무엇인지 모르겠으면 대화형 모드 창으로 복사해보십시오. 쉽게 이해할 수 있을 겁니다.

3.4 random 모듈 사용하기

CODE BOX 3.1의 첫 번째 코드를 다시 살펴봅시다. import random은 파이썬의 random 모듈을 불러오는 명령입니다. 이렇게 import로 모듈을 불러오면 우리는 모듈에 포함된 함수를 몇 개 더 사용할 수 있습니다. 일단 randint() 함수를 쓸 수 있습니다. randint() 함수는 정수 인수 두 개를 필요로 합니다. **인수**[argument]는 함수가 동작하는 데 필요한 값입니다. 4장에서 인수를 조금 더 자세히 설명하겠습니다.

3.4.1 간단한 주사위

코드 한 줄만 적으면 대화형 모드에서 주사위를 만들 수 있습니다.

```
>>> random.randint(1, 6)
```

randint() 함수 앞에는 ramdom.을 적어, random 모듈에서 이 함수를 찾으라고 컴퓨터에 알려줘야 합니다. 함수에 전달되는 인수는 각각 시작하는 숫자와 마지막 숫자입니다. 함수는 1, 2, 3, 4, 5, 6 중에서 임의의 숫자를 고릅니다. 함수가 어떻게 동작하는지는 대화형 모드에서 몇 번 시도해보며 익히기 바랍니다.

3.4.2 스크립트 모드로 돌아가기

myMagic8Ball.py 화면으로 돌아와서 **CODE BOX 3.4**의 코드를 입력해보세요. 1과 8 사이의 숫자를 임의로 발생시켜서 그 결과를 choice라는 변수에 저장하는 데 randint() 함수를 사용하고 있는 걸 알 수 있습니다.

(**주의:** 이미 웹사이트에서 파일을 내려받아 실행하는 독자가 있겠죠? 지금 당장은 간편하겠지만, 코드가 결코 자신의 것이 되기 어려울 겁니다. 귀찮겠지만 꼭 코드를 직접 입력하세요.)

CODE BOX 3.4

```
# 질문에 알맞은 답변을 하는 일에 raindint() 함수를 활용합니다.
choice=random.randint(1, 8)
if choice == 1:
    answer=ans1
elif choice == 2:
    answer=ans2
elif choice == 3:
    answer=ans3
elif choice == 4:
    answer=ans4
elif choice == 5:
```

```
    answer=ans5
elif choice == 6:
    answer=ans6
elif choice == 7:
    answer=ans7
else:
    answer=ans8

# 화면에 답변을 출력합니다.
print(answer)

input("\n\n마치려면 엔터 키를 누르세요.")
```

3.4.3 CODE BOX 3.4 설명

if, elif 와 else

CODE BOX 3.4를 자세히 보면 if, elif와 else가 있습니다. 이는 파이썬 예약어입니다. elif는 else if의 줄임말입니다. 다음 코드를 봅시다.

```
if choice == 1:
    answer=ans1
```

첫 줄은 "만약 choice의 값이 1이면 콜론(:) 다음 줄에 오는 들여쓴 코드를 실행하라"는 말입니다.

2장 while 반복에서 비교 연산자인 ==를 어떻게 사용했는지 생각해봅시다.

자, 다음 줄을 보면 (choice가 1과 같다면) 프로그램은 answer라는 새로운 변수를 만듭니다. = 기호를 사용하면 **CODE BOX 3.1**에서 입력했던 ans1의 문자열을 변수 answer에 집어넣습니다. 그러면 이제 answer는 "자! 해보세요!"라는 문자열을 가집니다.

임의의 숫자를 만드는 함수인 randint(1, 8)이 1을 만들지 않았다면 그다음 코드에서 처리하면 됩니다.

```
elif choice == 2:
    answer=ans2
```

choice가 2라면 answer에는 ans2의 값을 넣어줍니다. 변수 answer는 "됐네요, 이 사람아"가 됩니다.

이런 식으로 choice 값을 찾아가는 일은 else:를 만날 때까지 계속됩니다. else:를 만나면 choice가 8이라는 의미입니다. randint() 함수의 값을 1부터 8까지만으로 지정했으니 마지막 값이 8인 것은 당연합니다.

```
else:
    answer=ans8
```

3.4.4 input의 두 가지 사용법

우리는 이 프로그램에서 input() 함수를 두 번 썼습니다. 첫 번째로는 변수 question에 사용자 입력을 받아서 저장하는 용도로 사용했습니다.

```
question = input("조언을 구하고 싶으면 질문을 입력하고 엔터 키를 누르세요.\n")
```

실제로는 사용자가 입력하지 않아도 된다는 걸 기억하나요? 이 코드는 나중에 사용할 일을 대비해서 입력을 저장하고 엔터 키가 눌릴 때까지 기다리는 일을 합니다.

프로그램의 마지막에서 input() 함수를 또 한 번 사용했습니다.

```
input("\n\n마치려면 엔터 키를 누르세요.")
```

마지막에는 사용자가 입력할 필요 없이 엔터 키만 누르라네요. 그냥 두 줄을 띄고 게임이 끝났다는 메시지를 제공합니다. 그리고 프로그램은 사용자가 엔터 키를 누르고 종료하기를 기다립니다.

예기치 않게 갑자기 게임을 끝내는 것보다는 훨씬 나은 방식이며, 앞으로 이런 방식의 사용 방법을 많이 볼 겁니다.

이제 프로그램의 코드를 살펴봅시다. 만약 저장하지 않았다면, 바로 저장부터 하고 **CODE BOX 3.5**의 전체 내용과 비교해가며 확인해봅시다.

3.5 3장의 코드 정리

IDLE에서 작성한 코드를 여기에 모두 정리해봤습니다.

CODE BOX 3.5

```
# MyMagic8Ball

import random

# 답변을 입력해봅시다.
ans1="자! 해보세요!"
ans2="됐네요, 이 사람아"
ans3="뭐라고? 다시 생각해보세요."
ans4="모르니 두려운 것입니다."
ans5="칠푼인가요?? 제 정신이 아니군요!"
ans6="당신이라면 할 수 있어요!"
ans7="해도 그만, 안 해도 그만, 아니겠어요?"
ans8="맞아요, 당신은 올바른 선택을 했어요."

print("MyMagic8Ball에 오신 것을 환영합니다.")
```

```
# 사용자의 질문을 입력 받습니다.
question = input("조언을 구하고 싶으면 질문을 입력하고 엔터 키를 누르세요.\n")

print("고민 중 ...\n" * 4)
# 질문에 알맞은 답변을 하는 일에 raindint() 함수를 활용합니다.
choice=random.randint(1, 8)
if choice==1:
    answer=ans1
elif choice==2:
    answer=ans2
elif choice==3:
    answer=ans3
elif choice==4:
    answer=ans4
elif choice==5:
    answer=ans5
elif choice==6:
    answer=ans6
elif choice==7:
    answer=ans7
else:
    answer=ans8

# 화면에 답변을 출력합니다.
print(answer)

input("\n\n마치려면 엔터 키를 누르세요.")
```

3.5.1 스크립트 모드에서 프로그램 실행하기

앞서도 설명했지만 코드를 실행하려면 반드시 저장할 때 파일 이름을 *.py*로 끝내야 합니다. 자, 이제 완성된 `myMagic8Ball.py` 파일을 열고 *Run* 메뉴에서 *Run Module* 항목을 선택합니다. 프로그램이 대화형 모드 창에서 실행될 겁니다. 한번 해보세요.

요점 정리

3장에서 배운 내용입니다.

- 스크립트 모드를 사용하여 파이썬 코드를 작성하고 저장하는 방법
- 설명하기 쉽도록 변수 이름을 붙이고, 읽기 쉽고 깔끔하도록 주석을 붙여서 코드를 작성하는 방법
- 파이썬 파일을 실행하는 방법
- 사용자 입력을 받는 방법
- if, elif, else
- MyMagic8Ball 게임을 만드는 방법

이번 장에서 많은 것을 열심히 배웠습니다. 다음 내용을 해보며 실력을 확인해봅시다.

IDEA 1

친구들과 이 게임을 해봅시다. (**힌트:** 코드는 보여주지 마세요. 그렇지 않으면 게임을 망칠 수 있습니다.)

IDEA 2

MyMagic8Ball에서 응답하기로 되어 있는 8개의 문자열 변수를 다른 걸로 바꿔봅시다.

CHALLENGE

- 게임이 시작될 때 사용자에게 '안녕'이라고 말하도록 *myMagic8Ball.py*에 코드를 추가해봅시다.
- 그런 다음 입력을 저장하는 변수를 하나 만듭시다. 변수 이름은 user_name이 좋겠네요.
- 사용자에게 이름을 물어보도록 Magic8Ball 게임 코드를 다시 작성해봅시다. 그리고 맨 끝에 이렇게 말하게끔 하면 되겠죠. "[사용자]님 게임을 즐겨주셔서 감사합니다. 마치려면 엔터 키를 누르세요."

이렇게 하는 방법에는 여러 가지가 있습니다. 이 책의 웹사이트(http://www.codingclub.co.uk)에 가면 예시가 있습니다. 혼자 하면 더 좋겠죠?

CHAPTER

04

함수

학습목표

- 함수에 대해서 배웁니다.
- 여러분들이 직접 함수를 작성합니다.
- 숫자 맞추기 게임을 만들어봅니다.

4.1 함수

이미 앞서 우리는 몇 가지 함수를 사용해봤습니다. 처음 사용한 함수는 print()입니다. 함수는 이름 뒤에 괄호가 있습니다. 괄호 안에는 인수를 넣을 수 있고 여러 인수를 넣을 때는 쉼표로 구분합니다. 몇몇 함수는 인수가 필요 없는데, 인수 없이도 일을 처리할 수 있습니다.

```
print("This is my number: ", number)
```

인수 다른 인수

파이썬 안에는 이미 우리가 사용하고 있는 함수가 많이 내장되어 있습니다. 거기에 우리가 직접 우리만의 고유 함수를 만들 수도 있습니다. 함수를 만들 때는 def 키워드를 사용합니다. 다음은 숫자를 세는 함수입니다.

```
>>> def count(number):
        n=1
        while n <= number:
            print(n)
            n = n+1
```

대화형 모드에서 코드를 입력해봅시다. 파이썬 프롬프트로 돌아가려면 엔터 키를 두 번 눌러야 합니다. 그런 다음 count(10)을 입력하고 엔터 키를 누릅니다.

NOTE

while 반복을 사용하다 자칫 멈추지 않는 **무한루프**를 만들 수 있습니다. 무한루프가 실행된다면 실수를 했다는 뜻입니다. 굉장히 좋지 않죠. 이 장의 마지막에서 다룰 times_tables() 함수나 count()를 사용할 때 아마도 비슷한 상황을 겪을 겁니다.
프로그램이 계속 실행 중이며 멈추지 않는다면 그냥 창을 닫으세요. 파이썬이 프로그램을 종료할 것인지를 물어볼 겁니다. 걱정하지 말고 과감하게 종료하면 됩니다.
(때로는 Ctrl+C가 간단할 수 있습니다.)

4.2 무작위 구구단?

while 반복을 사용하면 파이썬에서 구구단을 쉽게 만들 수 있습니다. 그렇지만 우리가 원하는 특정 단을 빨리 계산하려면, 코드를 전부 짜는 것보다는 함수를 하나 새로 작성하는 편이 더 쉽습니다.

자, 생각해봅시다.

먼저 우리는 구구단을 만들 예정이니 새 함수 이름은 times_tables()이라고 합시다. 다음으로 우리가 원하는 구구단이 몇 단인지를 함수에 값으로 주어야 합니다. 당연히 숫자일테니 num이라고 부르겠습니다. 앞서 함수에 넘겨주는 값을 인수라고 했으니 num은 인수입니다.

```
def times_tables(num):
```

이제 while 반복을 생성해야 합니다. 하지만 먼저 (그에 앞서) 12단을 구현하는 코드를 작성해봅시다. 12단이라면 12×2=24, 뭐 이런 식이겠죠. 숫자 12는 우리가 여기서 요청한 구구단의 특정 단이고 num을 의미합니다. 숫자 2는 반복문 안에서 숫자를 세는 용도로 n이라고 하겠습니다(언제나 변수 이름을 길게 지어 어떤 변수인지 설명할 필요는 없습니다). 숫자 24는 num과 n의 값을 곱한 결과로 얻어집니다. 나머지는 그냥 문자열입니다. 이 모든 것을 print **문장** 하나에 다 집어넣을 수 있습니다.

QUICK QUIZ 4.1

어느 쪽이 우리가 원하는 결과입니까?

1 `print(n, " x ", num, " = ", n*num)`

2 `print(num, " x ", n, " = ", num*n)`

3 `print(n, " * ", num, " = " n*num)`

자, 이제 계속해봅시다.

IDLE의 대화형 모드를 사용하여, **CODE BOX 4.1**의 내용을 머리로 그려보며 입력해봅시다. 엔터 키를 두 번 눌러서 파이썬 프롬프트로 돌아오는 걸 잊지 마세요.

CODE BOX 4.1

```
>>> def times_tables(num):
        n=1
        while n <= 10:
            print(n, " x ", num, " = ", n*num)
            n = n+1
```

그냥 프롬프트만 나온다해서 서두르지 맙시다. 입력한 코드를 실행하고 12의 구구단 결과를 얻으려면, **CODE BOX 4.2**의 코드를 입력하고 엔터 키를 눌러야 합니다.

CODE BOX 4.2

```
>>> times_tables(12)
```

입력을 잘 했다면 다음과 비슷한 화면을 출력할 겁니다.

```
Python 3.2.1 (default, Jul 10 2011, 20:02:51)
[MSC v.1500 64 bit (AMD64)] on win32
Type "copyright", "credits" or "license()" for more information.
>>> def times_tables(num):
        n=1
        while n <= 10:
            print(n, " x ", num, " = ", n*num)
            n = n+1

>>> times_tables(12)
1 x 12 = 12
2 x 12 = 24
3 x 12 = 36
4 x 12 = 48
5 x 12 = 60
6 x 12 = 72
7 x 12 = 84
8 x 12 = 96
9 x 12 = 108
10 x 12 = 120
>>>
```

10까지만 계산했는데 12×12 = 144 같은 12줄의 긴 구구단을 원한다면, 이제 돌아가서 함수를 수정해봅시다. 대화형 모드에서 수정하려면 귀찮고 파이썬 파일로 함수를 저장했다면 성가실 수 있습니다. 함수가 인수를 두 개 갖도록 함수를 만들어봅시다. 아직 대화형 모드라면 **CODE BOX 4.3**의 코드를 입력해봅시다. 함수의 능력에 놀랄 겁니다.

CODE BOX 4.3

```
>>> def times_tables(how_far, num):
        n=1
        while n <= how_far:
            print(n, " x ", num, " = ", n*num)
            n = n+1
>>> times_tables(12, 17)
```

4.3 숫자 맞추기 게임

여기 짧지만 재미있는 게임 코드가 있습니다. 매우 단순한 게임인데 컴퓨터가 1과 100 사이의 숫자를 고르면 사람이 그 숫자를 맞추는 겁니다. 이 게임에서는 random 함수와 while 반복을 다시 사용합니다. IDLE에서 새로운 창을 열고 **CODE BOX 4.4**의 코드 내용을 입력해봅시다. 그리고 앞서 만들었던 '*Python Code*' 폴더에 *myNumber.py*라는 이름으로 저장해봅시다. 그리고 실행한 다음 각각의 코드 라인이 어떤 결과를 내놓는지 확인해봅시다.

CODE BOX 4.4

```
# myNumber.py
# 함수를 직접 만들어 써봅시다.
import random

# 숫자를 골라봅시다.
computer_number = random.randint(1, 100)

# is_same() 함수를 만듭니다.
def is_same(target, number):
    if target == number:
```

```
        result="Win"
    elif target > number:
        result="Low"
    else:
        result="High"
    return result

# 게임을 시작합니다.
print("안녕.\n난 1부터 100 중 숫자 하나를 골랐어요.")

# 사용자가 추측한 숫자를 인수로 받아옵니다.
guess = int(input("뭔지 쓰고 엔터 키를 누르세요."))
# is_same() 함수를 사용합니다.
higher_or_lower = is_same(computer_number, guess)

# 사용자가 맞출 때까지 게임을 합니다.
while higher_or_lower != "Win":
    if higher_or_lower == "Low":
        guess = int(input("그것보단 높습니다. 다시 생각해보세요."))
    else:
        guess = int(input("그것보단 낮습니다. 다시 생각해보세요."))

    higher_or_lower = is_same(computer_number, guess)

# 게임을 끝냅니다.
input("정답!\n잘했어요.\n\n\n마치려면 엔터 키를 누르세요.")
```

코드를 보면 앞에서 다루지 않은 두 가지 새로운 것이 있습니다. return 예약어는 is_same() 함수가 호출되고 나서 되돌려 주는 값이 무엇인지를 말해줍니다. 이제 우리는 함수에 인수를 넣을 수 있으며 함수가 실행된 다음 결괏값이 있다는 것도 알고 있습니다. 이 결괏값을 반환값이라고 합니다.

이 코드에서는 반환값을 변수 result에 저장합니다. 두 개의 숫자(변수 target과 number)가 같으면 Win 문자열을 반환하고 주어진 숫자(변수 number)가 대상(변수 target)보다 크면 함수 is_same( )은 High 값을 반환합니다. 그리고 주어진 숫자가 작을 때는 Low 값을 반환합니다.

두 번째 새로운 것은 int 예약어입니다. 입력 받은 값을 int 다음 괄호로 감싸서 정수로 바꿉니다. int(입력 받은 값)와 같은 형태입니다. 키보드로 입력 받는 모든 값은 보통 문자열로 인식하므로 이 과정이 필요합니다. 이렇게 어떤 **자료형**에서 다른 자료형으로 바꾸는 일을 데이터 변환 또는 **형변환**casting이라고 부릅니다.

파일을 '*Python Code*' 폴더에 저장하기로 했던 것 기억납니까? 파일을 저장해뒀다면 *실행* 메뉴에서 *실행 모듈*을 고르거나 *F5* 키를 눌러서 파일을 실행할 수 있습니다.

요점 정리

4장에서 배운 내용입니다.

- 함수를 배우고 직접 새로운 함수를 만들어 봤습니다.
- 짧지만 동작하는 작은 프로그램을 만들어보고 함수 및 while 반복을 사용하는 방법을 익혔습니다.
- 함수를 작성하는 데 필요한 단계를 간략하게 배웠습니다.
- 숫자 맞추기 게임을 어떻게 만드는지에 대해 배웠습니다.
- 프로그램이 계속 실행될 때 멈추는 방법에 대해 배웠습니다. - 프로그램을 종료시킵니다(혹은 Ctrl-C를 누릅니다).
- IDLE에서 코드의 일부를 얼마나 쉽게 복사할 수 있는지에 대해 배웠습니다.

열심히 따라왔다면 이번 장에서 함수에 대해 많이 배웠을 겁니다. 여기에 몇 가지 아이디어를 더하면 더 재미있게 배울 수 있습니다.

IDEA 1

- **CODE BOX 4.3** 코드를 *times_tables.py* 파일로 저장합니다.
- 프로그램을 실행했을 때 사용자에게 몇 단의 구구단을 원하는지 물어보는 상호 작용이 가능한 프로그램으로 코드를 수정해봅시다.
- 무한루프에 빠지지 않도록 주의하세요.

자, 이제 여러분들은 여러분들이 원할 때마다 사용할 수 있는 프로그램을 가지게 되었습니다.

IDEA 2

*myNumber.py*를 복사하고 몇 번이나 추측을 했는지 세어서 알려주는 프로그램을 작성해봅시다. (**힌트:** 새 변수 이름은 counter가 적절하겠군요.)

IDEA 3

숫자의 범위를 1에서 10으로 줄여 동생들도 게임을 즐길 수 있게 고쳐봅시다.

IDEA 4

myNumber.py 게임에서 난이도를 선택할 수 있도록 해봅시다.

- 쉽게: 숫자 1~10
- 중간: 숫자 1~20
- 어렵게: 숫자 1~100

바로 적용하기 어려우니 짧게 나눠서 생각해봅시다.

1 사용자가 난이도를 선택하는 과정이 필요합니다. 쉽게(e), 중간(m), 어렵게(h) 세 난이도로 나눈 다음 각 알파벳을 입력 받아 저장, 수집하는 과정입니다.

2 사용자가 잘못 입력했을 때를 대비해서 다음과 같은 코드를 추가합니다.

```
while level != "e" and level != "m" and level != "h":
    level = input("죄송하지만 다시 입력해주세요. 쉬운 게임은 'e'를, 중간 단계는 'm'을, 어려운
                단계를 하고 싶으면 'h'를 눌러주세요.\ne/m/h:")
```

3 최대 한계값을 걸러내기 위해 if, elif와 else를 사용하고, 적절한 변수에 결과를 저장합니다.

4 이 섹션의 아래에 컴퓨터가 생각하고 있는 숫자 쪽으로 코드를 옮기고, 해당 인수의 값으로 들어갈 변수 최대치를 넣습니다.

5 `# 게임 시작` 주석 아래에 `print()` 함수를 적절하게 맞춰서 올바른 정보를 출력하도록 합니다.

6 출력이 모두 잘 보이도록 코드를 조정합니다.

CHAPTER

05

MyEtchASketch

학습목표

- tkinter 라이브러리의 사용법을 배웁니다.
- 여러분들이 직접 MyEtchASketch 게임을 만들어봅니다.
- 응용 프로그램에서 화면에 어떻게 출력하는지에 대해서 배웁니다.
- 키보드를 누르는 동작을 함수에 어떻게 추가하는지에 대해 배웁니다.

5.1 tkinter 라이브러리

3장에서 모듈이 무엇이고 어떻게 모듈을 불러와 사용하는지 배웠습니다. 모듈은 함수의 기능을 모아둔 파일입니다. 모듈을 불러오면 우리가 직접 코드를 작성하지 않고도 특정 함수를 사용할 수 있습니다. 3장과 4장에서 우리는 random 모듈을 사용했습니다.

이번 장에서는 창을 만들거나 캔버스에 그림을 그릴 수 있게 그래픽 함수에 접근해 보려고 합니다. 그러려면 모듈의 전체 라이브러리를 불러와야 합니다.

다음처럼 쓰면 모듈을 쉽게 전부 가져올 수 있습니다.

```
from tkinter import *
```

*는 곱셈 기호가 아닙니다. 별표 또는 애스터리스크[asterisk]라고 하는데 '모든 것'을 뜻합니다.

tkinter 라이브러리는 클래스를 사용하고 있어서 좀 낯설게 보일 수도 있습니다(책에서는 클래스를 배우지 않습니다). 그러나 걱정할 필요는 없습니다. 이 책은 기초 서적이니까요. 클래스는 나중에 배울 수 있습니다. 예를 들자면 Canvas는 클래스입니다. 이 말은 Canvas()의 인수는 별개의 형식이라는 겁니다. Canvas가 대문자로 시작한다는 걸 주의해야 합니다.

그림을 그릴 수 있는 캔버스와 함께 600픽셀짜리 폭과 400픽셀짜리 높이를 가진 창을 하나 만들려고 합니다. 검은색 캔버스를 만들기 위해 먼저 스크립트 모드에서 파일을 하나 열어 **CODE BOX 5.1**을 입력합니다.

그리고는 *myEtchASketch.py* 이름으로 저장합니다.

그림 5.1 MyEtchASketch in a window

CODE BOX 5.1

```
# myEtchASketch 응용 프로그램

from tkinter import *

##### 변수 설정:
canvas_height = 400
canvas_width = 600
canvas_colour = "black"

##### 메인:
window = Tk()
window.title("MyEtchASketch")
canvas = Canvas(bg=canvas_colour, height=canvas_height, width=canvas_width,
highlightthickness=0)
canvas.pack()

window.mainloop()
```

이제 *myEtchASketch.py*를 실행할 수 있습니다. 드디어 처음으로 창을 만들었습니다. 그러면 대화형 모드 창에서 어떤 일이 일어났는지 살펴봅시다. 이것은 앞으로 우리가 볼 오류 메시지와 그 외 것들에 대해 콘솔의 역할을 할 겁니다.

5.2 계획

이제 응용 프로그램을 실행할 수 있고, 그릴 수 있는 캔버스를 가진 창이 생겼으니 프로그램의 나머지에 대한 계획을 세워봅시다. 지금부터 할 일을 함수로 나누어봅시다. 먼저 한 개의 수직선을 그리고 그 다음엔 수평선을 그립니다. 이 과정은 키보드의 위, 아래, 오른쪽, 왼쪽 방향키로 제어하려 하며 키 별로 추가한 네 가지 함수는 의미가 비슷합니다. 그래서 먼저 위쪽 방향키를 누를 때 선을 그리는 함수를 만들어보겠습니다. 이 함수만 만들면 아마 쉽게 이 프로젝트를 완성할 겁니다.

5.3 좌표

tkinter를 비롯해 거의 모든 프로그래밍 언어에서 좌표는 화면의 왼쪽 상단에서 시작합니다. 우리의 캔버스에 좌표를 그리면 다음과 같습니다.

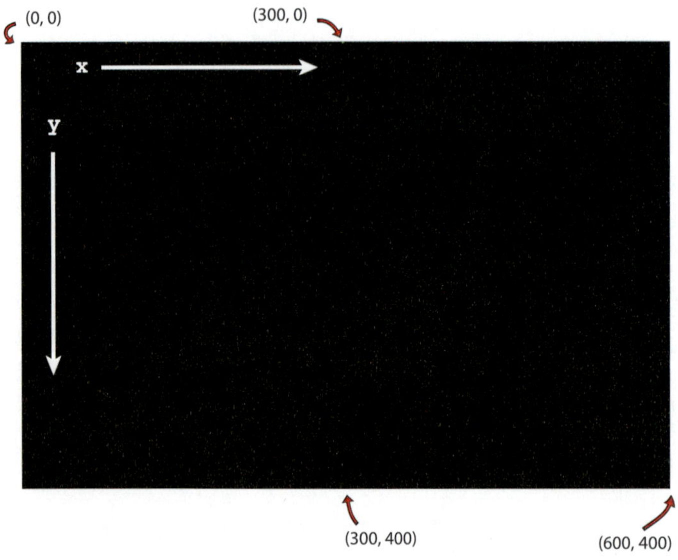

좌표로 표시하니 당연히 화면상에서 점은 두 개의 숫자로 표현됩니다.

예를 들면 (100, 50)은 x 축을 따라 오른쪽으로 100픽셀, 그리고 y 축을 따라 아래로 50픽셀이 되는 점을 가리킵니다.

5.4 정리된 코드 유지하기

수직선을 그리는 함수는 우리가 어디까지 위로 올리는지 기록해야 하므로 변수가 몇 개 필요합니다. 변수는 코드의 맨 윗부분에 다른 변수와 같이 적어주는 게 좋습니다. 이렇게 사전에 변수를 먼저 적어주는 것은 매우 좋은 코딩 스타일입니다. 지금 프로그램을 수정하고 싶다면 간단하게 맨 윗부분의 변수를 고친 다음 다시 실행하면 됩니다. 이렇게 하면 코드 어디에서 어떤 일을 하는지 쫓아다닐 필요가 없습니다. 또한 변수 이름을 변수를 설명한 적절한 이름으로 사용하면 주석을 따로 쓸 필요도 없습니다.

함수는 변수를 적어준 다음에 와야 합니다. 함수는 프로그램의 메인main 앞에 오는 것이 좋습니다. 그래야 함수를 사용할 수 있죠. **CODE BOX 5.2**를 보면 **CODE BOX 5.1**의 코드를 둘로 나눴는데 자세히 보면 그 사이에 변수를 추가로 선언하고 새 함수를 선언했습니다.

이제 *myEtchASketch.py* 파일에 코드를 새로 추가할 텐데 이걸로는 어떤 변화도 없을 겁니다. 함수가 어떻게 동작하는지는 다음 '5.4.1 CODE BOX 5.2 설명'에서 설명하겠습니다.

CODE BOX 5.2

```
# myEtchASketch 응용 프로그램

from tkinter import *

##### 변수 설정:
canvas_height = 400
canvas_width = 600
canvas_colour = "black"

p1_x = canvas_width/2
p1_y = canvas_height
p1_colour = "green"
line_width = 5
line_length = 5

##### 함수:

# 사용자 콘트롤
def p1_move_N(event):
    global p1_y

    canvas.create_line(p1_x, p1_y, p1_x, (p1_y-line_length), width=line_width,
    fill=p1_colour)
    p1_y = p1_y - line_length

##### 메인:
window = Tk()
window.title("MyEtchASketch")
canvas = Canvas(bg=canvas_colour, height=canvas_height, width=canvas_width,
highlightthickness=0)
canvas.pack()

window.mainloop()
```

5.4.1 CODE BOX 5.2 설명

p1은 player1을 뜻합니다. 굳이 플레이어에 1을 붙인 이유는 게임이 어떻게 발전할지 모르기 때문입니다. 갑자기 아이디어가 떠올라 다른 플레이어를 추가할 수도 있을 겁니다. 어쩌면 MyEachASketch 게임에 필요하지 않을 수도 있지만, 괜찮습니다. 그저 대비용이라고 생각하시면 됩니다.

변수

직접 선을 이어 그려서 사각형을 그리는 대신에 짧은 선 여러 개를 그리는 편이 코드를 짜기 쉬울 겁니다. `line_width`와 `line_length`를 적절하게 사용하면 사각형을 만들 수 있습니다. 선에는 시작과 끝 좌표가 있어야 하는데 코드에서 이를 잘 기록해뒀습니다. 자, **표 5.1**의 변수 목록을 살펴봅시다.

표 5.1 MyEachASketch 게임에 필요한 변수

변수	역할	초깃값
p1_x	선 끝의 x 좌표 저장	캔버스 너비의 중간값
p1_y	선 끝의 y 좌표 저장	캔버스의 최상단
p1_colour	선의 색 저장	"green"
line_width	선의 두께 저장	5픽셀
line_length	선의 길이 저장	5픽셀

p1_move_N() 함수

`p1_move_N(event)` 함수는 플레이어1이 그린 라인을 화면에 뿌리는 역할을 합니다.

event

`event` 인수는 함수에 넘겨줄 입력된 키 값입니다. `event`를 인수로 넘기지 않는다면 0이 와야 하는데 `p1_move_N()`에 1이 오는 것 같은 오류를 일으키게 됩니다.

global

스크립트를 시작할 때 모든 변수를 선언해야 하며 변수에 **기본값**을 지정해야 합니다. 때로는 변수가 어떤 함수의 바깥에도 있는데, 그걸 **전역변수**라고 합니다. 전역변수는 프로그램의 전체 영역에 걸쳐 사용될 수 있다는 뜻입니다. 반대로 함수 내에서만 사용되는 변수는 **지역변수**라고 부르는데, 함수 밖에서는 사용할 수 없으며 함수를 벗어나면 그 값을 잃어버립니다. 전역변수를 모든 함수에서 사용하고 싶다면, 해당 함수 안에서 `global`이라는 예약어를 써서 다시 선언해야 합니다. 이것은 함수가 변수를 변경하려고 할 때에만 필요합니다. 이렇게 함으로써 함수는 프로그램의 나머지 부분과 동일한 변수를 사용합니다.

create_line() 메서드

우리는 앞서서 tkinter의 canvas 클래스에 있는 `create_line()` 메서드를 사용했습니다.

```
canvas.create_line(인수는 여기에)
```

이 메서드에서 필요한 인수는 **표 5.2**에 나와 있습니다.

표 5.2 북쪽으로 움직이기 위하여 MyEtchASketch 프로그램에서 요구되는 인수들

tkinter에서 필요한 인수	코드에 정의한 변수
x1 (선의 시작점 x 좌표)	p1_x (플레이어1의 현재 x 좌표)
y1 (선의 시작점 y 좌표)	p1_y (플레이어1의 현재 y 좌표)
x2 (선의 끝점 x 좌표)	p1_x (플레이어1의 현재 x 좌표)
y2 (선의 끝점 y 좌표)	p1_y – line_length (플레이어1의 현재 y 좌표에서 라인의 길이를 빼기)

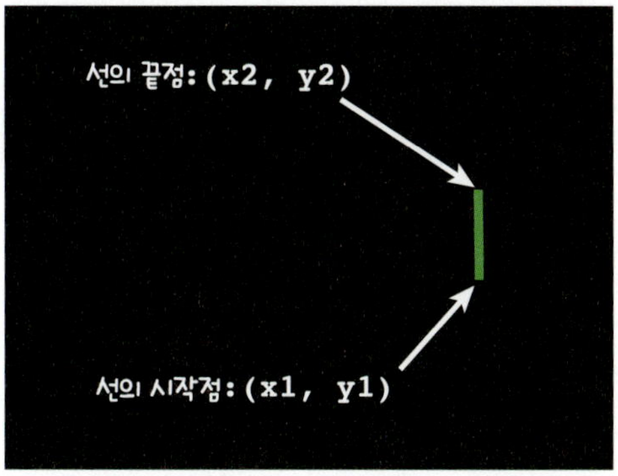

우리는 지금까지 짧은 선 여러 개를 캔버스에 그렸습니다. 이건 작은 네모를 그리는 것보다 쉽습니다. 대신, 선 길이에 맞게 폭 5픽셀의 녹색 선을 그립니다. 따라서, 우리는 **표 5.3**에 나타난 것과 같이 `create_line()` 메서드에 두 개의 선택적 인수를 추가로 제공해야 합니다.

표 5.3 MyEtchASketch에 필요한 선택적 인수

선택적 인수	우리가 제공하는 변수
width	line_width
fill	p1_colour

화면을 위로 이동하려면 p1_y로부터 라인 길이만큼 빼야 할 뿐만 아니라 다음 번에 새로운 p1_y의 위치를 저장하기 위하여 함수에 한 줄을 추가해야 합니다.

5.5 키보드 콘트롤 추가하기

우리는 tkinter의 window 클래스로부터 bind() 메서드를 사용할 수 있는데, 이 메서드에는 인수 두 개가 필요합니다.

```
window.bind("키보드 키 이름", 우리가 만든 함수)
```

만약에 [a] 키를 입력 받고 싶다면 "a"라는 인수를 주면 되지만 위쪽 방향키는 "<Up>"을 주어야 합니다.

```
window.bind("<Up>", p1_move_N)
```

이제 *myEtchASketch.py* 파일에 **CODE BOX 5.3**의 코드를 추가합니다. 제대로 입력하고 프로그램을 실행하면 *위쪽 방향키*를 눌렀을 때 폭 5픽셀, 높이 5픽셀의 녹색 사각형을 연속으로 만들 수 있습니다.

CODE BOX 5.3

```
# 키를 눌렀을 때 움직임
window.bind("<Up>", p1_move_N)

window.mainloop()
```

5.6 마무리

위쪽 방향으로 움직이는 걸 해봤으면, 다른 방향으로 움직이는 코드를 작성하는 건 쉽습니다. 아래로 움직이려면 y 좌표를 5픽셀 더하면 되고, 오른쪽으로 움직이려면 x 좌표에 5픽셀을 더하고, 왼쪽으로 가려면 x 좌표로부터 5픽셀을 빼면 됩니다.

CODE BOX 5.4에 함수의 나머지 부분을 추가합니다. 이게 마지막입니다. 우리는 이 코드를 자주 반복하고 있으므로 이 프로그램을 작성하는 더 좋은 방법이 어딘가 있을 겁니다. 이 장의 끝에서 다시 얘기하겠습니다.

만약 처음에 프로그램이 실행되지 않는다면, 스스로 해결해봅시다. 아무리 해도 해결할 수 없는 상황이라면, 코드를 내려받아 사용하세요.

CODE BOX 5.4

```
# 사용자 콘트롤
def p1_move_N(event):
    global p1_y
    canvas.create_line(p1_x, p1_y, p1_x, (p1_y-line_length), width=line_width,
    fill=p1_colour)
    p1_y = p1_y - line_length

def p1_move_S(event):
    global p1_y
    canvas.create_line(p1_x, p1_y, p1_x, p1_y+line_length, width=line_width,
    fill=p1_colour)
    p1_y = p1_y + line_length
def p1_move_E(event):
    global p1_x
    canvas.create_line(p1_x, p1_y, p1_x+line_length, p1_y, width=line_width,
    fill=p1_colour)
    p1_x = p1_x + line_length
def p1_move_W(event):
    global p1_x
    canvas.create_line(p1_x, p1_y, p1_x-line_length, p1_y, width=line_width,
```

```
    fill=p1_colour)
    p1_x = p1_x - line_length

def erase_all(event):
    canvas.delete(ALL)

##### 메인:
window = Tk()
window.title("MyEtchASketch")
canvas = Canvas(bg=canvas_colour, height=canvas_height, width=canvas_width,
highlightthickness=0)
canvas.pack()
# 키를 눌렀을 때 움직임
window.bind("<Up>", p1_move_N)

window.bind("<Down>", p1_move_S)
window.bind("<Left>", p1_move_W)
window.bind("<Right>", p1_move_E)
window.bind("u", erase_all)

window.mainloop()
```

요점 정리

5장에서 배운 내용입니다.

- tkinter 라이브러리를 사용하는 방법
- MyEtchASketch 게임을 작성하는 방법
- Windows에서 프로그램을 배치하는 방법
- 키보드 입력을 함수에 추가하는 방법
- '복사하기와 붙여넣기'는 더 좋은 해결 방법이 있다는 걸 알려주는 힌트입니다.
- 캔버스를 지우는 방법(코드를 입력했을 때, 추가적으로 `erase_all`(event) 함수를 슬쩍 호출한다는 걸 눈치챘나요?). 키보드에서 **u**키를 누르면 화면을 지웁니다.

이번 장에서 아마 여러 아이디어를 얻었을 겁니다. 코드를 잘 정리해뒀다면 다음 아이디어는 파일의 시작 부분에서 변수를 몇 개 간단히 조정하는 것만으로도 쉽게 달성할 수 있습니다.

IDEA

- line_length를 더 길게 그리고 무슨 일이 벌어지는지 알 수 있도록 만들어봅시다.
- 색깔을 몇 번 바꿔보고, tkinter가 어떤 이름의 색깔을 지원하는지 찾아봅시다.
- 네모의 크기를 좋아하는 크기로 바꿔봅시다.
- 만족스럽다고 생각될 때까지 코드 안의 모든 변수를 바꿔봅시다.

PUZZLE 5.1

복사하기와 붙여넣기에서 더 발전할 필요가 있다고 말한 걸 기억하나요? 이 PUZZLE은 더 나은 코드를 작성할 수 있게 도와줄 겁니다.

p1_move(x, y)라는 새로운 함수를 만들어 네 가지 움직임을 다음처럼 간단히 정리합니다.

```
def p1_move_N(event):
    p1_move(0, -line_length)
```

이걸 처리하는 방법에는 여러 가지가 있을 수 있습니다. 답의 예는 웹사이트에서 찾을 수 있습니다.

웹사이트에는 플레이어가 두 명인 *ourEtchASketch.py* 코드도 있습니다. 좀 더 배울 의지가 있다면 직접 한 번 코드를 실행해봅시다. 그렇게 어렵지 않고 앞선 PUZZLE보다 더 코드를 잘 활용할 수 있을 겁니다. 1명보다 2명의 게임이 더 재미있는데 그건 두 가지 색깔로 그릴 수가 있기 때문입니다. 아울러 이 코드는 아마 다른 게임에 대한 영감을 더 많이 주리라 믿습니다.

EXTRA IDEA

- *ourEtchASketch.py*를 내려받아 색색의 무언가를 그려봅시다.
- 코드를 살펴보고, 플레이어가 2명인 게임이 얼마나 쉽게 구현되는지 알아봅시다.
- 협력하여 그리는 게임을 친구와 함께 시도해봅시다.
- 끝에 가서 누가 더 많이 네모를 그렸는지 시간제한을 두고 경쟁을 해봅시다. 목표는 상대보다 가능한 한 더 많이 그리는 겁니다. (**힌트:** 사각형을 더 크게 만들수록 유리합니다.)
- 특이한 게임인 트론을 해봅시다. 충돌 감지 기능이 없으므로, 충돌이 발생하면 알아서 정리해야 합니다. (**힌트:** 트론이 무엇인지 모르겠다면, 다른 사람에게 물어봅시다.)
- 화면 상단까지 얇고 긴 캔버스를 만들어 친구와 경쟁해봅시다.
- 몇 가지 장애물을 만들어 넣어서, 게임을 더 재미있게 만들어봅시다. (**힌트:** 키보드를 결합하는 코드 앞에다가 화면 일부에 임의의 크기와 색깔을 가지는 선을 그려 넣으면 됩니다.)
- 또 다른 게임을 만들어봅시다.

CHAPTER

06

1부 요점 정리

6.1 더 들여다보기

1부를 읽고 코드를 만드는 일, 프로그래밍에 재미를 붙였으면 좋겠습니다. 프로그래밍에 대한 정보를 얻을 수 있는 곳을 소개해드리겠습니다.

파이썬 정보

- http://www.hanbit.co.kr/exam/2494 : 번역된 코드 내려받기
- http://www.codingclub.co.uk : 도서의 웹사이트
- http://docs.python.org/py3k/ : 파이썬의 공식 문서
- http://pygame.org : PyGame 웹사이트. 이곳을 방문하면 게임에 필요한 모듈을 내려받을 수 있습니다. 또 파이썬 커뮤니티도 있으니 도움을 받거나 도와줄 수 있을 겁니다. 단, 영어로 해야겠죠.

프로그래머처럼 생각하기

- http://armorgames.com/play/6061/light-bot-20
- http://www.robozzle.com/

다른 프로그래밍 언어들

- http://scratch.mit.edu/ : 스크래치 공식 웹사이트
- http://www.greenfoot.org/ : 자바 프로그래밍

도움을 주는 웹사이트

- 웹사이트: http://www.codingclub.co.uk

이 책은 Cambridge University Press의 〈Coding Club〉 시리즈의 1~3권을 합본한 도서입니다. 원서 웹사이트에서 코드를 내려받으려면 해당 부를 확인한 다음 내려받으세요. 웹사이트에서는 책 곳곳에서 즐겼던 CHALLENGE와 PUZZLE에 대한 답을 찾을 수 있습니다. 모든 프로젝트에 대한 완전한 소스 코드도 여기에 있습니다.

6.2 자료 정리

특수 문자열

표 6.1 특수 문자열

특수 문자열	내용
\n	문자열의 줄을 바꿔줍니다.
\t	문자열에 탭 형식의 들여쓰기를 삽입합니다.
\\	문자열에 \(역슬래시) 문자를 표현합니다.
\”	문자열에 인용 부호를 표현합니다.

산술 연산자

표 6.2 산술 연산자

연산자	의미	예제	결괏값
*	곱하기	2*3	6
/	나누기(일반)	20/8	2.5
//	나누기(정수값만)	20//8	2
%	나머지	20%8	4
+	더하기	2+3	5
−	빼기	7−3	4

비교 연산자

표 6.3 비교 연산자

연산자	의미	연산자	의미
==	~와 같으면	!=	~와 같지 않다면
〉	~보다 크면	〈	~보다 작으면
〉=	~보다 크거나 같으면	〈=	~보다 작거나 같으면

6.3 1부 코드 정리

게임 코드의 끝 부분

```
input("\n\n마치려면 엔터 키를 누르세요.")
```

키를 눌러서 해당 함수를 활성화 하기 위한 기본 tkinter 코드

```
window.bind("<Up>", 내가 만든 함수)
```

또는

```
window.bind("a", 내가 만든 함수)
```

자신의 창에 그리는 캔버스를 만들기 위한 기본 tkinter의 코드

```
from tkinter import *

##### 변수 설정:
canvas_height = 400
canvas_width = 600

##### 메인:
window = Tk()
window.title("My Game Title")
canvas = Canvas(bg = "black", height = canvas_height, width = canvas_width,
highlightthickness = 0)
canvas.pack()
window.mainloop()
```

1과 6 사이의 숫자 중에서 임의로 선택하기 위해 random 모듈을 사용

```
import random
dice_number = random.randint(1, 6)
```

PART 02

본격 파이썬 입문

CHAPTER

01

자료형

학습목표

- 자료형에 대해 배웁니다.
- 튜플, 리스트, 사전에 대해 배웁니다.
- 1부보다 더 짧은 새로운 버전의 MyMagic8Ball 게임을 만듭니다.

1.1 자료형

*'1부 모두를 위한 파이썬 기초'*에서는 **문자열**(또는 스트링, 텍스트의 일부), **정수**(모든 정수), **실수**(소수점이 있는 수)를 배웠습니다. 1부에서 설명했듯이 바로 이런 모든 것이 자료형입니다. 실제로는 종류가 더 많습니다. 이 장에서는 새로운 자료형인 튜플, 리스트, 사전을 살펴보겠습니다. 이번에 설명할 자료형은 모두 데이터를 한 개 이상 저장할 수 있어서 **컨테이너 형**이라고 부르기도 합니다. 예를 들면 문자열을 여러 개 저장할 수 있습니다. 튜플, 리스트, 사전은 각자 다른 방식으로 데이터를 담는데, 각기 장단점이 있습니다.

문자열은 문자나 숫자, 또는 숫자와 문자를 순서대로 저장하는 컨테이너와 비슷합니다. *'1부 모두를 위한 파이썬 기초'*에서 우리는 문자열에 사용하는 여러 함수를 배웠습니다. 앞으로 배울 튜플, 리스트, 사전에도 이러한 함수를 사용할 수 있습니다.

1.2 튜플

튜플은 새로운 자료형 중에서 가장 간단한 녀석입니다. 튜플에는 문자열, 숫자, 다른 자료형을 저장할 수 있습니다. 다음 예제는 튜플인데 콤마로 구분한 4개의 문자열을 저장합니다.

```
my_tuple = ("one", "two", "three", "four")
```

튜플은 콤마로 **값**을 구분합니다. 변수와의 차이를 들자면 튜플은 변수와 달리 저장된 값을 변경할 수 없습니다.

튜플에 저장된 값은 **인덱스** 0부터 시작합니다. 예를 들어 print(my_tuple[1])을 실행하면 결괏값은 two가 **출력**됩니다. 다음을 봅시다.

그림 1.1 튜플

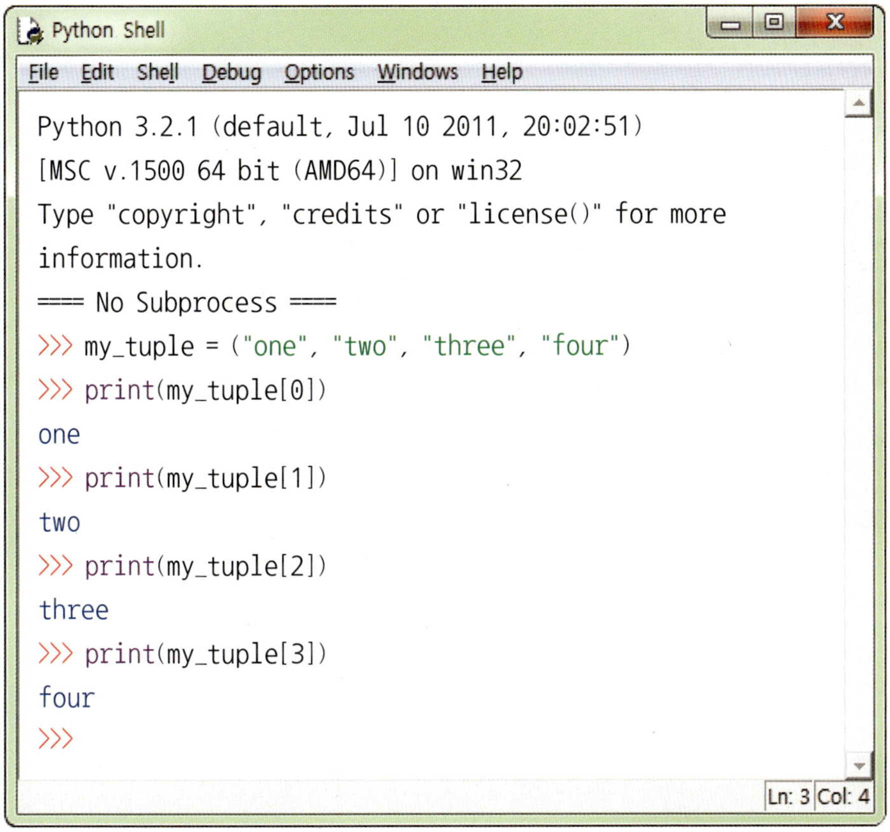

1.2.1 MyMagic8Ball

*'1부 모두를 위한 파이썬 기초'*에서 우리는 random **모듈**과 print(), input(), randint() 함수를 사용해 MyMagic8Ball 애플리케이션을 작성했습니다. 다음 코드를 보면 기억이 날 겁니다.

CODE BOX 1.1

```
# My Magic 8 Ball

import random

# 답변을 입력해봅시다.
```

```python
ans1="자! 해보세요!"
ans2="됐네요, 이 사람아"
ans3="뭐라고? 다시 생각해보세요."
ans4="모르니 두려운 것입니다."
ans5="칠푼인가요?? 제 정신이 아니군요!"
ans6="당신이라면 할 수 있어요!"
ans7="해도 그만, 안 해도 그만, 아니겠어요?"
ans8="맞아요, 당신은 올바른 선택을 했어요."

print("MyMagic8Ball에 오신 것을 환영합니다.")

# 사용자의 질문을 입력 받습니다.
question = input("조언을 구하고 싶으면 질문을 입력하고 엔터 키를 누르세요.\n")

print("고민 중 ...\n" * 4)

# 질문에 알맞은 답변을 하는 일에 randint() 함수를 활용합니다.
choice=random.randint(1, 8)
if choice==1:
    answer=ans1
elif choice==2:
    answer=ans2
elif choice==3:
    answer=ans3
elif choice==4:
    answer=ans4
elif choice==5:
    answer=ans5
elif choice==6:
    answer=ans6
elif choice==7:
    answer=ans7
else:
    answer=ans8
```

```
# 화면에 답변을 출력합니다.
print(answer)

input("\n\n마치려면 엔터 키를 누르세요.")
```

자, 이제 여기에 튜플을 적용하면 코드가 얼마나 더 쉬워지고 짧아질 수 있는지 확인해봅시다.

CODE BOX 1.2

```
# My Magic 8 Ball

import random

# 답을 튜플에 적습니다.

answers = (
    "자! 해보세요.",
    "됐네요, 이 사람아",
    "뭐라고? 다시 생각해보세요.",
    "모르니 두려운 것입니다.",
    "칠푼인가요?? 제 정신이 아니군요!",
    "당신이라면 할 수 있어요!",
    "해도 그만, 안 해도 그만, 아니겠어요?",
    "맞아요, 당신은 올바른 선택을 했어요."
    )

print("MyMagic8Ball에 오신 것을 환영합니다.")

# 사용자의 질문을 입력 받습니다.
question = input("조언을 구하고 싶으면 질문을 입력하고 엔터 키를 누르세요.\n")

print("고민 중 ...\n" * 4)
```

```
# 질문에 알맞은 답변을 하는 일에 randint() 함수를 활용합니다.
choice = random.randint(0, 7)

# 화면에 답변을 출력합니다.
print(answers[choice])

# 이제 종료합니다.
input("\n\n마치려면 엔터 키를 누르세요.")
```

1.2.2 CODE BOX 1.2 설명

*'1부 모두를 위한 파이썬 기초'*를 읽은 지 오래됐으면 IDLE로 코드를 입력하며 한줄 한줄 다시 생각해보기 바랍니다. 다음은 코드에 대한 설명입니다.

임포트 구문

우리가 사용할 **함수**는 파이썬의 random 모듈에 있으므로 모듈을 불러와야 합니다.

튜플

쉼표로 구분해서 튜플에 문자열 형태로 답을 입력합니다. 쉼표로 답을 구분하고 행을 바꾸면 좀 더 쉽게 코드를 읽을 수 있습니다.

input() 함수

input() 함수는 키보드에 있는 키를 입력 받은 다음 **엔터** 키를 누를 때까지 기다립니다. 그리고 키보드로부터 입력 받은 문자열을 question **변수**에 저장합니다.

```
question = input("조언을 구하고 싶으면 질문을 입력하고 엔터 키를 누르세요.\n")
```

question: 키보드 입력에 접근하는 변수 이름

"조언을 구하고 싶으면 질문을 입력하고 엔터 키를 누르세요.\n": 사용자에게 보여줄 안내 지침을 출력하는 문자열

randint() 함수

```
choice = random.randint(0, 7)
```

random 모듈의 randint **메서드**를 사용해서 0부터 7까지 수 중에서 임의의 숫자를 선택합니다. 선택된 숫자는 choice 변수에 저장됩니다(메서드는 클래스에 있는 함수입니다).

마무리

```
print(answers[choice])
```

답이 들어 있는 튜플의 인덱스로 임의로 선택한 값을 사용합니다. 이 줄은 튜플에서 무작위로 선택되어 출력됩니다.

EXPERIMENT

두 개의 스크립트는 웹사이트(www.codingclub.co.uk)에 있습니다. 두 개의 실행결과가 같은지 확인해보세요. 한글로 된 코드는 www.hanbit.co.kr/exam/2254에서 받을 수 있습니다.

1.3 리스트

리스트는 또 다른 컨테이너 형입니다. 리스트는 튜플과 비슷한데 다른 점은 내용을 변경할 수 있다는 점입니다. 튜플은 메모리에서 빠르게 동작하며 다른 코드로 항목을 삽입하거나 삭제할 수 없습니다. 그러나 리스트는 함수로 항목을 삽입하거나 삭제할 수 있습니다. 리스트는 다음과 같이 사용합니다.

```
my_list = ["one", "two", "three", "four"]
```

튜플과 마찬가지로 리스트의 각 값은 콤마로 구분되며 인덱스는 0부터 시작합니다.

대화형 모드에서는 다음처럼 사용합니다.

```
>>> my_list = ["one", "two", "three", "four"]
>>> my_list[2]
'three'
>>> my_tuple = ("one", "two", "three", "four")
>>> my_tuple[2]
'three'
>>>
```

리스트와 튜플 모두 출력 결과가 같습니다. 그러면 언제 튜플 대신 리스트를 사용할까요? 목록을 추가하거나 삭제 또는 변경할 필요가 있는 프로그램에서는 리스트를 사용합니다.

QUICK QUIZ 1.1

각 항목에 자료형을 리스트와 튜플 중에서 선택해봅시다.

1. 7개의 문자열 타입의 요일 이름(예, "월")을 저장하고 애플리케이션에서 사용하기 위한 저장소
2. 코딩 클럽의 모든 회원의 전체 이름을 저장하고 애플리케이션에서 클럽 회원이 존재하는지 확인하기 위한 저장소
3. 10개의 숫자(0, 1, 2, 3, 4, 5, 6, 7, 8, 9)를 저장하고 계산기 앱에서 키로 사용하기 위한 저장소

1.4 사전

마지막으로 설명할 컨테이너 형은 **사전**입니다. 사전은 약간 다른 형태를 취하는데 사전은 항목을 가리키는 고유한 이름을 갖습니다. 사전에는 인덱스로 **키** 이름을 사용합니다. 키에는 문자열, 정수, 실수 또는 심지어 튜플도 사용할 수 있습니다. 예제를 봅시다.

키 / 값

```
my_dictionary = {1:"고양이", 2:"개", 3:"말", 4:"물고기"}
```

다음처럼도 사용합니다.

키 / 값

```
my_dictionary = {"1":"고양이", "2":"개", "3":"말", "4":"물고기"}
```

대화형 모드에서 어떻게 동작하는지 살펴봅시다.

```
>>> my_dictionary = {1:"일", 2:"이", 3:"삼", 4:"사"}
>>> my_dictionary[2]
'이'
>>> my_dictionary = {"1":"일", "2":"이", "3":"삼", "4":"사"}
>>> my_dictionary["2"]
'이'
```

괄호 안에 키와 값을 입력할 때 좀 특이한 사항은 사전은 콜론(:)으로 키와 키에 해당하는 값을 구분합니다.

1.5 파이썬에서 괄호란?

새로운 컨테이너를 만들 때 파이썬은 각기 다른 괄호를 사용해서 정의합니다.

- (소괄호): 튜플을 만들 때 소괄호로 감쌉니다.
- [대괄호]: 리스트를 만들 때 대괄호를 사용합니다.
- {중괄호}: 사전을 만들 때 중괄호를 사용합니다.

NOTE **자료형의 차이점**

문자열, 튜플, 리스트는 **정렬된 인덱스를 가진 컨테이너**입니다. 인덱스 값은 입력된 순서에 따라 자동으로 지정합니다. 사전은 *사용자*가 제공한 키를 가지는데 키 값을 임의의 순서로 저장하지는 않습니다. 문자열과 튜플의 인덱스 값은 생성될 때 만들어지며, 프로그램에 의해 직접적으로 변경될 수 없습니다. 하지만 리스트와 사전은 다양한 방식으로 자료형의 값을 추가하거나 저장하고 변경할 수 있는 컨테이너입니다.
다음처럼 빈 컨테이너를 만들 수도 있습니다.

```
my_string = ""
my_tuple = ()
my_list = []
my_dictionary = {}
```

1.6 유용한 기능

표 1.1은 문자열, 튜플, 리스트와 사전에 사용할 수 있는 유용한 기능 목록입니다. 다음과 같은 컨테이너를 생성한다고 상상해봅시다.

```
>>> s = "bar" # 문자열
>>> t = ("b", "a", "r") # 튜플
>>> l = ["b", "a", "r"] # 리스트
>>> d = {1:"b", 2:"a", 3:"r"} # 사전
```

표 1.1 유용한 기능

기능	문자열	튜플	리스트	사전
모든 요소 출력	`>>> print(s)` `bar`	`>>> print(t)` `('b', 'a', 'r')`	`>>> print(l)` `['b', 'a', 'r']`	`>>> print(d)` `{1: 'b', 2: 'a', 3: 'r'}`
요소 출력	`>>> print(s[2])` `r`	`>>> print(t[2])` `r`	`>>> print(l[2])` `r`	`>>> print(d[2])` `a`

결합	`>>> a=s+"f"`
	`>>> a`
	`'barf'`
		`>>> a=t+("f",)`
		`>>> a`
		`('b', 'a', 'r', 'f')`
			`>>> a=l+["f"]`
			`>>> a`
			`['b', 'a', 'r', 'f']`	

요소 추가	안 됨	안 됨	`>>> l.append("f")`
			`>>> l`
			`['b', 'a', 'r', 'f']`
				`>>> d[4]="f"`
				`>>> d[4]`
				`'f'`

정렬	안 됨	안 됨	`>>> l.sort()`
			`>>> l`
			`['a', 'b', 'r']`
				`>>> sorted(d)`
				`['1', '2', '3']`
				`>>> sorted(d.values())`
				`['a', 'b', 'r']`

요소 삭제	안 됨	안 됨	`>>> del l[1]`
			`>>> l`
			`['b', 'r']`
				`>>> del d[1]`
				`>>> i`
				`{2:'a', 3:'r'}`

요소 치환	안 됨	안 됨	`>>> l[0]="c"`
			`>>> l`
			`['c', 'a', 'r']`
				`>>> d[1]="c"`
				`>>> print(d)`
				`{1: 'c', 2: 'a', 3: 'r'}`

찾기	`>>> i.find("b")` `0`	`>>> t.index("b")` `0`	`>>> l.index("b")` `0`	
길이 얻음	`>>> len(s)` `3`	`>>> len(t)` `3`	`>>> len(l)` `3`	`>>> len(d)` `3`

QUICK QUIZ 1.2

다음에서 말하는 내용에 적합한 자료형을 튜플, 리스트, 사전 중에서 선택해봅시다.

1 클럽 100m 자유형 기록의 개인 기록을 저장할 자료형
(철수: 65.34초, 영희: 68.04초, 그 외)

2 한 해의 월을 저장할 컨테이너

3 2012년 영국의 비가 온 월을 저장하기 위한 컨테이너

4 현재 체스 클럽에 참여한 학생의 이름을 저장하기 위한 컨테이너

요점 정리

1장에서 배운 내용입니다.

- 자료형에 대해 더 많이 배웠습니다.
- 튜플과 리스트와 사전에 대해 배웠습니다.
- MyMagic8Ball의 더 짧은 버전을 만들었습니다.
- 새로운 자료형에서 어떤 기능은 사용할 수 있거나 또는 사용할 수 없다는 것을 보았습니다.

2부에서는 새 자료형을 자세히 살펴보겠습니다. 2부를 읽고 나면 우리는 '*1부 모두를 위한 파이썬 기초*'보다 조금 더 향상된 코딩 능력을 지닐 수 있을 겁니다(사전이 가장 사용하기 어려우므로 천천히 시작하겠습니다).

PUZZLE 1.1

MyMagic8Ball을 튜플 대신 리스트를 사용하여 작성해봅시다. 이를 통해 튜플과 리스트가 동일한 방식으로 동작한다는 것을 확인할 수 있습니다.

CHALLENGE **등호**

'*1부 모두를 위한 파이썬 기초*'의 코드를 기반으로 기능을 개선해봅시다. 이렇게 하면 기억에 오래 남을 수 있을 겁니다.

1 `myMaigc8Ball2.py`(CODE BOX 1.2)에 몇 개의 코드를 추가합니다. MyMagic8Ball 게임이 시작될 때 "안녕"이라고 출력하고 사용자의 이름을 입력 받도록 합니다.

2 입력 받은 사용자의 이름을 user_name 변수에 저장합니다.

3 코드를 변경하여 MyMagic8Ball 사용자 이름을 써서 말을 걸도록 합니다. 예를 들자면 이렇게 말할 수 있겠죠. "[사용자]님 게임을 즐겨주셔서 감사합니다. 마치려면 엔터 키를 누르세요."

이 작업을 수행하는 두 가지 방법이 있습니다. 이 방법에 대한 답은 www.codingclub.co.uk/book2_resources.php에서 확인할 수 있습니다.

IDEA

MyMagic8Ball 게임을 포춘 쿠키 게임으로 바꿔봅시다. 게임 이름은 *myFortune Cookie.py*로 해보세요.

CHAPTER

02

GUI 빌드

학습목표

- 튜플과 사전을 사용하여 연습합니다.
- tkinter의 사용 방법을 복습하고 위젯의 사용 방법을 학습합니다.
- 그래픽 사용자 인터페이스를 빌드합니다.
- 용어집 애플리케이션을 작성할 수 있습니다.

2.1 MyGlossary

그래픽 사용자 인터페이스를 줄여서 GUI라고 합니다. GUI는 '화면'에 표시된 메뉴나 버튼으로 사용자와 상호 작용을 하는 간단한 프로그램입니다. 이제부터 **tkinter**를 사용하여 작은 GUI 애플리케이션을 만들려고 합니다.

웹사이트의 2장 폴더에서 소스 코드를 내려받으면 *myGlossary_Start.py* 파일이 있을 겁니다. 이 파일은 책에서 사용된 전체 용어를 포함하고 있는 myGlossary 애플리케이션의 개요를 담고 있는 소스 파일입니다. **CODE BOX 2.1**을 봐 볼까요?

CODE BOX 2.1

```
# myGlossary_Start.py

from tkinter import *

# 키 입력 함수:

##### 메인:
window = Tk()
window.title("My Coding Club Glossary")

# 레이블 생성

# 텍스트 엔트리 위젯 생성

# 제출 버튼 추가

# 다른 레이블 생성

# 텍스트 박스 생성

# 사전
my_glossary = {
```

```
    '알고리즘':'컴퓨터로 작업을 수행하기 위해 컴퓨터가 이해할 수 있도록
     단계별로 설명해놓은 것',
    '버그':'프로그램이 적절하게 동작하는데 실패하거나 또는 전혀 동작하
     지 않는 원인을 제공하는 코드 조각',
    '2진수':'2진법으로 나타낸 숫자'
    }
##### 메인 반복문 실행
window.mainloop()
```

어휘는 사전 자료형으로 저장되어 있습니다. 어휘 단어를 키로 사용하고 그 뜻을 **값**으로 정의합니다. 다음의 예제를 살펴보겠습니다.

```
예. '함수': '재사용할 수 있는 코드 조각'
```

키 → '함수', 값 → '재사용할 수 있는 코드 조각'

값 정의에 작은따옴표를 사용하는 것보다는 큰따옴표를 사용하는 것이 좋지만 따옴표를 문자열에 한 번 이상 사용하려면 모두 **이스케이프** 처리해야 합니다.

용어의 뜻에 접근하려면 다음처럼 작성한 코드가 있어야 합니다.

```
print(my_glossary["함수"])
```

myGlossary_Start.py 파일을 실행하면 'My Coding Club Glossary'라는 제목의 작은 윈도우가 열립니다.

2.1.1 tkinter 위젯

'*1부 모두를 위한 파이썬 기초*'에서 tkinter를 소개했습니다. 물론 윈도우를 열려면 이 모듈을 어떻게 사용해야 하는지도 배웠습니다. 또 화면에 그리기 위해 tkinter의 Canvas 클래스를 사용했었습니다. Canvas 클래스는 **tkinter 위젯**의 한 종류입니다. tkinter는 버튼, 레이블, 텍스트 입력 필드와 현대 프로그래밍 언어에서 사용할

수 있는 모든 기본 위젯을 제공합니다. 실제로 파이썬에서도 tkinter는 대중적입니다.

THINK BIG

모든 현대 언어가 GUI 기능을 제공하지만 모두 tkinter와 같은 방식으로 동작하지는 않습니다. 나중에 다른 프로그래밍 언어로 프로그램을 만들려면 윈도우, 캔버스, 버튼, 레이블 등의 작업을 해당 언어로 어떻게 수행하는지 알아봐야 할 겁니다. 그때는 사용하기로 한 언어의 GUI 라이브러리 문서를 읽으세요.

지금부터 tkinter 위젯에 대해 더 많이 배우고 어떻게 하면 간단한 GUI를 만들 수 있는지 살펴보겠습니다. 첫 번째로 윈도우에 tkinter 위젯을 정렬하겠습니다. 윈도우는 필요한 만큼의 열과 행으로 나눌 수 있습니다. 컴퓨터 과학에서는 보통 좌표로 나타나는데 개별의 열과 행은 번호가 있습니다. 왼쪽 위가 (0, 0)으로 시작합니다.

tkinter 그리드

(0, 0)	(0, 1)	(0, 2)
(1, 0)	(1, 1)	(1, 2)
(2, 0)	(2, 1)	(2, 2)

위젯을 셀에 할당하고 나서 셀 안에서 북쪽(위), 남쪽(아래), 서쪽(왼쪽), 동쪽(오른쪽) 중에서 어느 방향에 위치시킬지 결정할 수 있습니다. 말로 설명하는 것보다는 실제 동작을 보면 더 쉬울 겁니다.

그림 2.1 tkinter 위젯

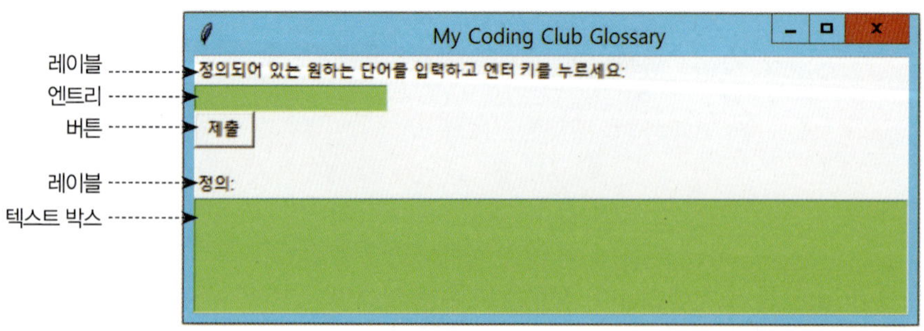

레이블 위젯

레이블 위젯이 아마 제일 간단할 겁니다. 애플리케이션 윈도우에 텍스트를 표시할 때 레이블 위젯을 사용합니다. *myGlossary_Start.py* 파일에서 # 레이블 생성이라는 주석 아래에 **CODE BOX 2.2**의 코드를 추가합니다.

CODE BOX 2.2

```
Label(window, text="정의되어 있는 단어를 입력하고 엔터 키를 누르세요:").grid(row=0,
column=0, sticky=W)
```

W는 서쪽(West)을 의미합니다. 파일을 저장하고 지금 실행해봅시다. 이제 어떻게 움직이는지 이해했을 겁니다.

엔트리 위젯

엔트리 위젯은 텍스트를 입력할 수 있는 상자를 제공합니다. 추가하는 방법은 레이블 위젯과 똑같습니다. 그러나 가장 좋은 방법은 위젯에 이름을 배치할 때 **등호 연산자(=)**로 할당한 후 엔트리 위젯을 배치하는 것입니다. 텍스트 엔트리 위젯의 이름을 entry로 사용하고 호출합니다.

*myGlossary_Start.py*에서 # 텍스트 엔트리 위젯 생성 코드 주석 아래에 **CODE BOX 2.3**의 코드를 추가합니다.

CODE BOX 2.3

```
entry = Entry(window, width=20, bg="light green")
entry.grid(row=1, column=0, sticky=W)
```

EXPERIMENT

entry.grid의 sticky=W를 sticky=E로 바꿔서 어떤 일이 발생하는지 봅시다.

THINK BIG

도트 연산자(.)를 사용하는 두 개의 다른 방법을 보기 위하여 마지막 두 CODE BOX를 비교해봅시다. 다시 코드를 저장하고 실행해서 어떻게 동작하는지 먼저 알아봅시다. CODE BOX 2.2에서는 나중에 다시 호출할 생각이 없었으므로 레이블의 변수 이름을 지정하지 않았습니다. 따라서, 우리는 위젯이 배치될 위치를 지정하려면 도트 연산자를 써서 `grid()` 메서드를 호출해야 합니다. tkinter의 모든 위젯 클래스에는 우리가 사용할 수 있는 `grid()` 메서드가 있습니다. CODE BOX 2.3에서 텍스트 엔트리 위젯을 만들고 우리가 작성한 코드의 어디에서든 호출할 수 있도록 엔트리 위젯에 변수 이름을 할당합니다. 그런 다음 텍스트 위젯에 이름을 주고 다음 줄에서 텍스트 엔트리 위젯의 이름인 entry에 도트 연산자(.)를 사용하여 위치 값을 할당하면 깔끔하고 읽기 쉽습니다.

EXPERIMENT

CODE BOX 2.3의 코드를 CODE BOX 2.2와 같은 방법으로 아래처럼 다시 작성했습니다.

CODE BOX 2.4

```
entry = Entry(window, width=20, bg="light green").grid(row=1, column=0, sticky=W)
```

무엇이 달라졌나요?

중요한 점: 이 단계는 별 차이가 없는 것처럼 보이지만 사실은 그렇지 않습니다. 이와 같은 코드를 그대로 두거나 그것이 동작했던 상태로 되돌리지 못한다면, 나중에 돌아왔을 때 해결하기 어려운 **버그**를 만날 겁니다.

무슨 일이 일어나냐면, 도트 연산자와 함께 라인의 끝에 `grid()` 메서드를 추가하면, 텍스트 위젯을 생성하는 데는 성공하지만, 텍스트 위젯에 변숫값을 할당하는 데는 실패합니다. 그래서 `entry` 변수에서 `click()` 메서드를 호출하면 `entry` 변수가 존재하지 않아 실패합니다. 다시 말해, CODE BOX 2.3에서처럼 위젯을 나중에 사용하려면 별도의 변수에 넣었는지 확인하시기 바랍니다.

버튼 위젯

버튼 위젯은 버튼을 제공합니다. 버튼을 눌렀을 때 무언가 동작하길 바란다면, 버튼이 눌렸을 때 함수가 시작되도록 추가적으로 만들어야 합니다. **CODE BOX 2.5**의 코드를 # 키 입력 함수 주석 다음에 추가합니다.

CODE BOX 2.5

```
# 키 입력 함수
def click():
    entered_text = entry.get() # 텍스트 엔트리 위젯으로부터 입력한 텍스트를 수집
```

지금 # 제출 버튼 추가 주석 다음에 **CODE BOX 2.6**의 내용을 추가해봅시다.

CODE BOX 2.6

```
# 제출 버튼 추가
Button(window, text="제출", width=5, command=click).grid(row=2, column=0, sticky=W)
```

다른 모든 위젯이 그렇듯이, 첫 번째 **인수**(함수나 위젯으로부터 요청되는 정보)는 위젯이 어디에 놓여야 할지를 tkinter에 알려주는 윈도우입니다. `command=click`은 버튼이 눌렸을 때 `click()` 함수가 실행된다는 것을 의미합니다. 버튼에 함수를 할당할 때 괄호를 쓸 수 없다는 점을 기억합시다. 괄호를 포함하면 버튼을 눌렀을 때가 아닌 버튼을 생성한 시점에서 함수가 실행됩니다. 버튼의 동작에 대한 명확한 방법은 다음 장에서 더 자세히 살펴보겠습니다. 마지막으로 윈도우에서 원하는 위치에 배치할 수 있도록 버튼 클래스의 `grid()` 메서드를 호출합니다. 지금까지의 내용을 확인하고 싶다면 실행해봅시다. 예쁘기는 하지만 쓸모없는 버튼을 볼 수 있을 겁니다.

텍스트 위젯

다른 레이블을 추가하고 나서 *myGlossary_Start.py*의 해당 섹션에 **CODE BOX 2.7**의 코드를 입력하여 텍스트 박스를 넣읍시다.

CODE BOX 2.7

```
# 다른 레이블 생성
Label(window, text="\n정의:").grid(row=3, column=0, sticky=W)

# 텍스트 박스 생성
output = Text(window, width=75, height=6, wrap=WORD, background="light green")
output.grid(row=4, column=0, columnspan=2, sticky=W)
```

수정된 코드를 다시 실행할 수 있지만, `click( )` 함수를 완성한 게 아니라서 뭔가 큰 변화가 있을 것이라고 기대할 수는 없습니다. 애플리케이션이 제대로 동작하려면 위젯이 모두 있어야 하고 GUI도 완벽해야 합니다.

THINK BIG

출력 텍스트 상자에 전달된 columnspan=2 옵션 인수를 사용했는지 확인하셨나요? 텍스트 상자는 이 옵션으로 셀 (4, 0)에서 시작해서 다음 열인 셀 (4, 1) 위치까지 놓입니다. 사실 **CODE BOX 2.7**에서 columnspan 인수는 꼭 필요하지는 않습니다. 그럼에도 이 내용을 넣어둔 것은 이 장의 끝 부분에서 해결해야 할 문제의 해법으로 사용하기 때문입니다.

2.2 MyGlossary 마무리

이제, 남은 일은 click() 함수를 완성하는 일로 사전에서 원하는 정의를 불러오는 일입니다. CODE BOX 2.8의 코드를 입력하여 click() 함수를 완성해봅시다.

CODE BOX 2.8

```
# 키 입력 함수
def click():
    entered_text = entry.get() # 텍스트 엔트리 위젯으로부터 입력한 텍스트를 수집
    output.delete(0.0, END) # 텍스트 박스 내용 지움
    definition = my_glossary[entered_text]
    output.insert(END, definition)
```

2.2.1 CODE BOX 2.8 설명

entry 위젯에서 get() 함수를 적용한 것이 entry.get()입니다. 이것은 사용자가 텍스트 엔트리 위젯에 입력한 텍스트를 entered_text 변수에 할당하는 데 사용됩니다.

다음으로 해당 위젯의 delete() 메서드를 호출하여 텍스트 엔트리 위젯의 내용을 삭제합니다. 이 메서드는 두 개의 인수를 받습니다. 첫 번째 인수는 0.0과 같이 입력하며 점(.)을 기준으로 앞은 삭제를 시작하는 줄 번호와 뒤는 삭제를 시작하는 문자 위치로 0부터 시작합니다. 두 번째 인수는 어디까지 삭제될지 위치를 지정하는데 END로 지정하면 문자열이 입력된 최종 입력 지점을 의미합니다. 줄번호.문자위치 표기법을 사용해 텍스트 엔트리 위젯의 내용을 삭제할 수도 있지만 특정 시작 지점부터 텍스트 엔트리 위젯의 끝까지의 내용을 모두 지우려면 END를 쓰는 것이 더 쉽습니다.

THINK BIG

delete() 메서드에 언급된 인덱스는 좌표처럼 동작하지만, 사실은 텍스트를 선택했을 때 커서가 어디로 가는지를 가리킵니다. 행 또는 줄은 0부터 세며 1은 첫 번째 행, 2는 그다음 행을 의미합니다. 문자 위치(또는 열 위치)도 0부터 세며 1이 첫 번째 뒤를, 2가 그다음을 의미하는 것처럼 사용합니다. 잊지 말아야 할 것은 공백도 문자로 인식된다는 것입니다.
예로 my_string = "text| widget box"에서 커서는 인덱스 위치 (1.4)입니다.

코드의 다음 줄은 입력된 텍스트를 사전의 키로 이용해 정의를 찾는 데 사용됩니다. 마지막으로 텍스트 박스의 insert() 메서드를 사용하면 위젯에 내용을 추가할 수 있습니다. 이것은 인수를 두 개 받습니다.

1 문자열 삽입을 시작할 위치: (END) 즉, output의 내용을 지웠기 때문에 처음부터 삽입
2 삽입할 문자열: 입력한 텍스트를 어휘 사전에서 찾은 결과

2.2.2 테스팅

이제 프로그램을 저장하고 실행해봅시다. 일단 '버그' 라는 단어를 입력하고 제출 버튼을 누르면 실행됩니다. 단어 '버그'를 입력하고 제출 버튼을 눌렀을 때 잘 실행되면 코드에서 'bug' 정의를 삭제합시다. 여기까지 잘 되었으면 이제 어휘 정의에 추가된 적이 없는 임의의 키 조합을 통해 만들어낸 단어를 입력해서 테스트해봅시다. 프로그램이 완전히 종료되지 않지만 콘솔에서 어휘에 대한 정의를 찾지 못해 오류 메시지가 표시될 것입니다.

2.2.3 오류 잡기

여러분의 프로그램에서 잘못 동작하는 모든 부분을 생각해내고 그것들을 처리할 수 있도록 하는 것은 좋은 습관입니다. 파이썬에서는 try:와 except:를 사용해 오류를 매우 유용한 방법으로 잡을 수 있습니다. **CODE BOX 2.9**의 click() 함수는 오류를 수정한 것입니다. 오류를 잡기 위한 신중하고 올바른 방법을 학습한 후에 파일을 저장하고 *myGlossary_Start.py* 애플리케이션을 시작하시기 바랍니다.

CODE BOX 2.9

```
# 키 입력 함수
def click():
    entered_text = entry.get() # 엔트리 위젯에 입력된 문자열 수집
    output.delete(0.0, END) # 텍스트 박스 내용 지움
    try:
        definition = my_glossary[entered_text]
    except:
        definition = "단어의 정의를 찾을 수 없습니다."
    output.insert(END, definition)
```

프로그램을 완료했습니다. 이 책을 읽으며 어느새 작은 애플리케이션을 하나 만들었습니다. 이 애플리케이션은 책을 읽다가 잘 모르는 단어가 나오면 찾아보는 용도로 한 번 사용해보세요.

요점 정리

2장에서 배운 내용입니다.

- 사전을 사용하는 방법
- tkinter의 사용 방법을 복습하고 위젯을 사용하는 더 많은 방법
- GUI 내장
- 내장된 어휘 애플리케이션

사전과 GUI를 결합하여 사용하면 매우 강력하고 작은 애플리케이션을 만들 수 있습니다.

IDEA 1

어휘 프로그램을 활용해서 시험공부용 플래시 카드 프로그램을 만들어 보겠습니다.
플래시 카드를 임의로 고르려면 다음을 추가해야 합니다.

```
questions = list(my_glossary.keys())
```

이렇게 해야만 키값에 번호를 부여해서 임의로 불러들일 수 있습니다.

그림 2.2 플래시 카드 프로그램

IDEA 2

어휘 프로그램을 활용해서 외국어 학습용 어휘 프로그램을 만들 수 있습니다. 영어 단어를 키로 하고 번역된 정의를 만들어봅시다.

그림 2.3 **학습용 어휘 프로그램**

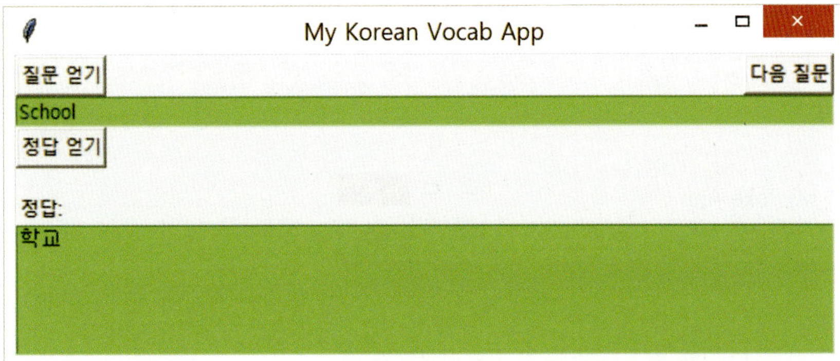

CHALLENGE

어휘 프로그램을 활용해서 퀴즈 앱을 만들어봅시다. 임의의 질문을 제공한 다음 답 얻기(GET ANSWER) 버튼을 누르면 답을 얻을 수 있습니다.
(**힌트:** 엔트리 박스와 텍스트 박스를 하나씩 사용하기 보다는 텍스트 박스를 두 개 사용해봅시다. 추가적으로 답을 얻기 위한 “다음” 버튼도 필요할 겁니다. 웹사이트(www.codingclub.co.uk)를 참고해보세요.)

그림 2.4 **퀴즈 프로그램**

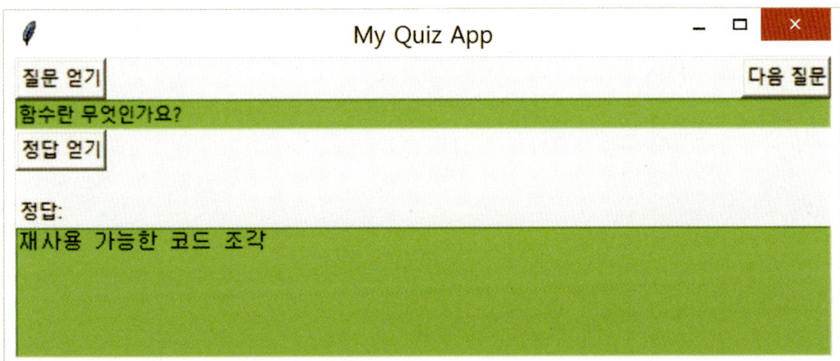

IDEA 3

앞의 도전 문제를 풀었다면 이 프로그램을 활용해서 농담따먹기 프로그램을 만들 수 있습니다.

(**힌트:** 다음처럼 주거니 받거니 하는 대화의 짝이 필요합니다.)

- 질문: 여러분이 코더와 축구선수를 넘나들 경우 어떤 것을 얻을 수 있습니까?
- 답: 발차기

그림 2.5 농담따먹기 프로그램

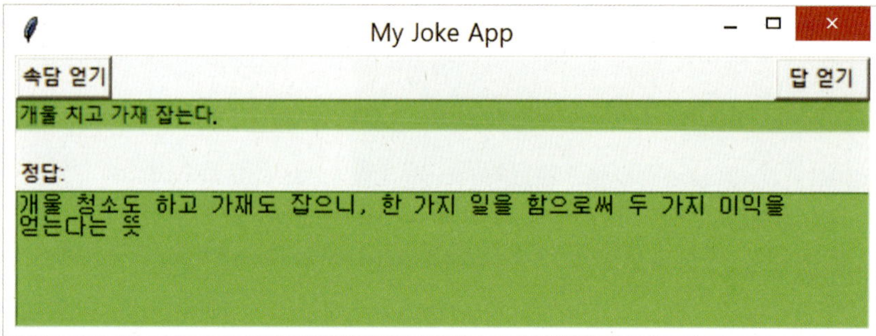

CHAPTER

03

간단한 계산기 설계하기

학습목표

- 반복문이 어떻게 동작하는지 배웁니다.
- 리스트와 반복문을 사용하여 반복되는 코딩을 줄여봅시다.
- tkinter 버튼 위젯에 대해 좀 더 알아봅니다.
- 우리의 계산기인 MyCalculator 계산기를 설계합니다.
- 복잡한 GUI를 쉽게 빌드하는 방법을 배웁니다.

3.1 계산기 설계

이제 우리는 간단한 계산기를 설계하려 합니다. 이건 시작에 불과합니다! 이후 프로그램을 바꿀 수 있도록 몇 가지 버튼을 더 추가할 겁니다. 나중에는 완전하게 동작하는 계산기 프로그램을 완성할 것이니 기대해도 좋습니다.

가능한 한 효율적으로 깔끔하게 계산기를 설계하는 데 초점을 맞추겠습니다. 계산기 버튼은 대부분 비슷하게 생겼으니 한 번에 하나의 버튼을 만드는 방법보다 리스트 반복을 통해 버튼을 만들겠습니다. 이번에 배울 리스트 반복을 이용하면 프로그램 사용자가 쉽게 상호작용할 수 있는 새로운 애플리케이션을 여러 종류 만들 수 있을 것입니다.

3.1.1 설계 시작

첫 번째 시도

먼저 계산기의 버튼을 한 번에 하나씩 만들려고 할 겁니다. 걱정하지 마세요. 대부분의 작업을 미리 완료해두었습니다. 웹사이트에서 제공되는 3장 폴더의 *myCalculator_expt1.py* 파일을 열어보면 버튼 하나인 화면의 계산기 프로그램이 있을 겁니다(**CODE BOX 3.1**).

CODE BOX 3.1

```
# myCalculator_expt1.py

from tkinter import *
from decimal import *

##### 메인:
window = Tk()
window.title("MyCalculator")

# 내용 수정이 가능한 엔트리 위젯을 사용해 결과 디스플레이 사용
display = Entry(window, width=45, bg="light green")
```

```
display.grid()

# 숫자 버튼 생성:
def click1():
    display.insert(END, "1")

Button(window, text="1", width=5, command=click1).grid(row=1,column=0)

##### 메인 반복문 실행
window.mainloop()
```

버튼을 누르면 화면에 "1"이 표시되나요? 애플리케이션을 실행하고 함수가 예상대로 동작하는지 확인하세요. 주의 깊게 코드를 살펴보고 "2"를 가진 두 번째 버튼을 추가합니다. 그리고 다음 코드를 보지 말고 이어서 세 번째 버튼을 추가해보세요.

이제 작성한 코드와 **CODE BOX 3.2**를 비교해봅시다.

CODE BOX 3.2

```
# 숫자 버튼 생성:
def click1():
    display.insert(END, "1")
Button(window, text="1", width=5, command=click1).grid(row=1,column=0)

def click2():
    display.insert(END, "2")
Button(window, text="2", width=5, command=click2).grid(row=2,column=0)

def click3():
    display.insert(END, "3")
Button(window, text="3", width=5, command=click3).grid(row=3,column=0)
```

CODE BOX 3.2 설명

지금까지 버튼 하나당 코드 세 줄씩 적었습니다. 우리가 만들 간단한 계산기에는 버튼이 총 19개 있으며 다음 장(4장)에서 10개를 더 추가할 예정입니다. 그러면 이번 장에서는 남은 16개 버튼마다 세 줄씩 코드를 추가하고 또 4장에서는 10개에 대해 세 줄씩 추가한다면 정말 골치 아프고 따분한 일일 겁니다. 그러면 버튼 크기를 수정하려 하면 얼마나 많은 코드를 바꿔야 하는 걸까요? 예를 들어 버튼의 너비를 변경하고자 한다면 4장에서는 29개 버튼의 코드를 수정해야 할 겁니다. 버튼은 대부분 화면에 버튼의 값을 출력하는 일을 하겠죠? 따라서 이런 프로그램을 짤 때는 코드의 상단에 버튼의 클릭을 처리하는 함수를 하나 만들어놓는 것이 좋습니다.

두 번째 시도

이제는 조금 원시적인 방법에서 벗어나 볼까 합니다. **반복문**을 사용하겠습니다. 3장 폴더에서 *myCalculator_expt2.py* 파일을 열어보세요. **CODE BOX 3.3**의 내용이 적혀 있습니다. 계산기 애플리케이션은 9개의 버튼과 1개의 화면을 만듭니다. 행과 열의 숫자를 세기 위한 변수를 어떻게 사용했는지와 어떻게 증가시켜서 숫자 버튼을 만들었는지 알 수 있습니다. 프로그램을 실행하고 놀라지 마세요. 버튼을 누를 때 아직은 화면에 아무것도 표시되지 않습니다.

CODE BOX 3.3

```
# myCalculator_expt2.py

from tkinter import *
from decimal import *

# 키 입력 함수:
def click(key):
    display.insert(END, key)

##### 메인:
window = Tk()
window.title("MyCalculator")
```

```
# top_row 프레임 생성
top_row = Frame(window)
top_row.grid(row=0, column=0, columnspan=2, sticky=N)

# 수정 가능한 엔트리 위젯
display = Entry(top_row, width=45, bg="light green")
display.grid()

# 숫자 버튼 프레임 생성
num_pad = Frame(window)
num_pad.grid(row=1, column=0, sticky=W)

# 숫자 버튼에 제공될 숫자:
num_pad_list = [
'7', '8', '9',
'4', '5', '6',
'1', '2', '3',
'0', '.', '=' ]

# 반복문으로 숫자 버튼 생성
r = 0 # 행 카운터
c = 0 # 열 카운터
                                                    고의적 실수!
for btn_text in num_pad_list:
    Button(num_pad, text=btn_text, width=5, command=click(btn_text)).grid(row=r,
    column=c)
    c = c+1
    if c > 2:
        c = 0
        r = r+1

##### 메인 반복문 실행
window.mainloop()
```

QUICK QUIZ 3.1

고의적인 실수는 무엇입니까?
(테스트와 디버깅 섹션에서 더 자세히 살펴볼 것입니다.)

여러 개의 프레임 사용하기

"첫 번째 시도"에서 세 개의 버튼을 넣고 나서 윈도우에 잘 들어맞지 않았던 것을 발견할 수 있었습니다. 버튼 요소를 담은 그룹을 제어하는 한 가지 방법은 여러 열에 걸치는 것입니다. 그러나 여러 열을 걸치는 것보다 프레임이라는 다른 위젯에 버튼을 넣어 그룹을 제어하는 것이 좋습니다. 우리는 조금 편하게 **프레임**을 사용해서 계산기를 구성하겠습니다.

그림 3.1 프레임을 이용한 계산기 구성

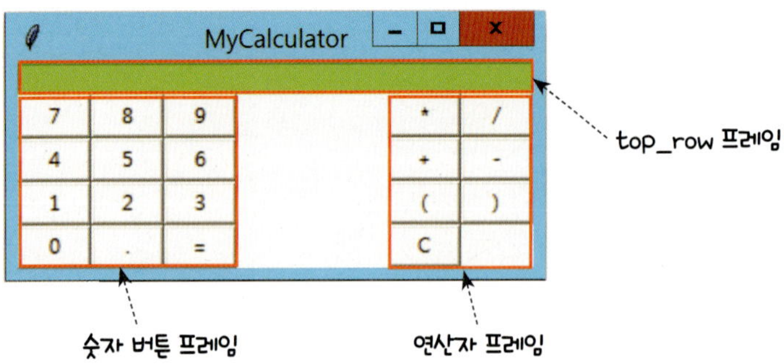

코드를 주의 깊게 보면 프레임 위젯이 윈도우에 배치된 것을 볼 수 있으며 프레임에 버튼을 그룹화한 걸 볼 수 있습니다.

for 반복

*'1부 모두를 위한 파이썬 기초'*에서는 **while 반복**에 대해 배웠습니다. 이제 for 반복에 대해 알아보겠습니다. **for 반복**은 리스트, 사전 또는 튜플을 처리할 때 사용하기 좋은 방법입니다. for 반복은 코드를 들여쓰기하고 필요로 하는 버튼 수 만큼 반복할 수 있습니다. 즉, 각 버튼은 btn_text를 사용하고 btn_text 변수는 num_pad_list의 값을 사용합니다. 그래서 첫 번째 반복문에서 btn_text는 문자 '7'

을 가지며 다음 반복 때는 '8'을 가집니다. 열 카운터 c가 2를 초과할 때까지 1씩 증가합니다.

EXPERIMENT

코드를 실행해보고 코드에서 열 카운트 값을 변경해보고 열 카운트가 3보다 커질 때 무슨 일이 일어나는지 봅시다. c와 r 값을 변경해서 생각하는 숫자 버튼에 알맞게 모양을 만들어 봅시다.

3.1.2 디버깅

이제 코드가 어떻게 각 버튼을 만드는지 이해될 겁니다. 그런데 문제는 왜 예상한 대로 코드가 작동하지 않는 걸까요? 그래서 **디버깅** 작업이 필요합니다. 디버깅을 통해 왜 코드가 예상과 다르게 동작하는지 찾은 다음 수정해야 합니다. 다음과 같이 제대로 동작하지 않는 사항을 찾았나요?

- **단서 1**: 버튼을 누를 때 아무 반응이 없습니다.
- **단서 2**: 애플리케이션을 처음 실행하면 7894561230.= 가 표시됩니다.

QUICK QUIZ 3.2

위의 출력에 대해 어떤 것을 알 수 있습니까?

1 임의의 숫자와 기호입니까?
2 숫자 및 기호는 num_pad_list의 역순입니다.
3 숫자 및 기호는 num_pad_list와 같은 순서입니다.

첫 번째 단서는 버튼을 누를 때 `click()` 함수에 연결하는 명령 옵션이 동작하지 않는 것을 알려줍니다. 두 번째 단서는 버튼이 생성될 때마다 함수가 호출되었음을 알려줍니다. 이것은 파이썬이 표준식 평가를 하기 때문인데, 함수는 이름 뒤에 괄호를 추가하면 프로그램이 실행될 때 함수도 호출됩니다. 하지만 우리는 버튼이 준비되고 누를 경우에만 command 인수에 전달한 함수가 호출되어야 합니다. tkinter 버튼 위젯이 눌러졌을 때만 함수를 호출하려면 괄호 없이 함수의 이름을 사용해야 합니다.

command=click(btn_text)를 command=click으로 변경하고 다시 실행해봅시다. 어떤 일이 발생하나요? 버튼을 누를 때까지 함수를 호출하지 않습니다. 이제 첫 번째 문제를 해결했습니다. 버튼을 생성함과 동시에 click() 함수를 더 이상 호출하지 않습니다. 그렇지만 아직은 버튼을 누를 때 click() 함수를 호출하는 건 아닙니다. 이 문제는 무엇보다 중요하며 버튼 수 만큼, 즉 함수를 19개 만드는 일보다는 함수를 하나 만드는 것이 더 나은 설계 방법입니다.

3.2 진짜 계산기 만들기

두 번째 시도에서 수정한 파일은 동작하지만, 몇 가지 버그가 있을 수 있습니다. 3장 폴더의 *myCalculator3_start.py*를 다시 실행해보거나 이 파일에 대한 코드를 확인하고 실험 코드를 수정할 수 있습니다. 예상대로 동작하는지 확인하기 위해 실행해보세요. 버튼이 여전히 동작하지 않을 겁니다. 이번 장에서는 버튼의 동작이 아니라 계산기처럼 화면에 보이는 것까지만 할 예정이니까요. 버튼이 제대로 동작 하는 건 나중에 하도록 하겠습니다.

계산기에는 숫자 외에도 더하기, 곱하기 등의 계산을 수행할 버튼이 몇 개 더 필요합니다. 이런 걸 연산자 버튼이라 부르겠습니다. 연산자 버튼은 숫자 버튼과 따로 두는 게 좋습니다. display 엔트리 위젯의 폭을 늘려서 연산자 버튼 세트를 배치할 공간을 만들도록 하겠습니다.

CODE BOX 3.4의 코드를 *myCalculator_start.py* 파일에 추가하면 계산기처럼 그럴 듯하게 보일 것입니다. 물론, 아직 동작하지는 않습니다.

CODE BOX 3.4

```
# 연산자 프레임 생성
operator = Frame(window)
operator.grid(row=1, column=1, sticky=E)

operator_list = [
'*', '/',
'+', '-',
'(', ')',
'C' ]

# 반복문 안에서 연산자 버튼 생성
r = 0
c = 0
for btn_text in operator_list:
    Button(operator, text=btn_text, width=5,
            command=click).grid(row=r, column=c)
    c = c+1
    if c > 1:
        c= 0
        r = r+1

##### 메인 반복문 실행
window.mainloop()
```

코드를 저장하고 실행해보겠습니다. 좀 그럴 듯 한가요? 좋습니다. 버튼이 아직 동작하지 않을 뿐만 아니라 19개로 나누어 제어할 수도 없습니다. 이 문제는 다음 장에서 해결할 수 있으니 걱정하지 마세요.

요점 정리

3장에서 배운 내용입니다.

- for 반복에 대해 배웠습니다.
- 리스트와 반복문을 사용하여 반복적 코딩 줄이기
- tkinter 버튼의 위젯에 대해 좀 더 배웠습니다.
- 모양은 좋아 보이지만 아직 완성되지 못한 MyCalculator 계산기 프로그램을 만들었습니다.
- 복잡한 GUI를 빠르고 쉽게 빌드하는 방법

이 장에서는 버튼을 여러 개 만들면서 그래픽 사용자 인터페이스GUI를 어떻게 설계하는지에 대해 알아봤습니다. 또, 프레임에 열과 행을 사용해 버튼을 그룹화했습니다.

아이디어와 퍼즐을 풀면 지금까지 배운 내용을 좀 더 이해하는 데 도움이 될 겁니다.

IDEA 1

작은 계산기를 만듭니다. 모든 버튼의 폭을 변경하고 작지만 계산기의 모양이 그럴 듯 하게 보일 때까지 display 엔트리 위젯의 폭을 조정합니다.

PUZZLE 3.1

숫자 버튼과 기능 버튼의 위치를 교환해봅니다.

PUZZLE 3.2

MyCalculator 프로그램의 하단에 계산기 프로그램의 폭을 가지는 버튼을 추가하세요.
(**힌트:** 반복문을 사용하지 않고 새로운 프레임과 버튼을 만들라는 의미입니다.)

CHAPTER

04

제대로 동작하는 계산기

학습목표

- 생성한 함수에 기본값을 사용해봅니다.
- 디버깅하는 법을 배웁니다.
- 오류를 잡고 제어하는 방법을 배웁니다.
- 2진수에 대해 깊이 탐구합니다.
- 완전히 동작하는 계산기를 제작합니다.

4.1 인수

3장 끝에서 버튼 위젯에 함수를 제공할 때 괄호를 삭제했던 걸 배웠습니다. 버튼을 누르든 누르지 않든 함수는 호출됩니다. 하지만 안타깝게 반복문 안에서 click() 함수에 인수를 전달하는 것은 어렵습니다. 버튼의 함수는 인수를 참조해야 하는데 괄호가 없으면 결국 인수를 함수에 전달할 수 없습니다.

QUICK QUIZ 4.1

프로그래밍에서 인수는 무엇입니까?

1 사전의 키로 사용하는 단어

2 함수에 전달하는 값

3 튜플에 존재하는 값

이 문제를 풀려면 함수에 인수를 어떻게든 전달해야 합니다. 어떻게 해야 할까요? 함수의 인수에 **기본값**을 부여하는 방법을 이용해보겠습니다. 어떻게 동작하는지 복습해봅시다. **CODE BOX 4.1**의 코드를 대화형 모드에서 입력해봅시다. 대화형 모드에서는 >>> 뒤에 직접 입력한 내용과 파란색의 응답 부분이 모두 나타납니다. 대화형 모드는 한 줄씩 입력하면서 코드의 동작을 살펴보기에 좋습니다. 처음 두 줄은 간단한 함수를 정의합니다.

CODE BOX 4.1

```
>>> def my_function(x="default text"):
        print(x)
>>> my_function("two")
two
>>> my_function(3)
3
>>> my_function()
default text
```

4장 폴더의 *myCalculator4_start.py* 파일을 열면 반복문 안에 cmd() 함수를 추가한 걸 볼 수 있습니다. **CODE BOX 4.2**에서도 볼 수 있습니다. 좀 복잡하지만 어떻게 작동하는지 보겠습니다. 때로는 코드의 동작 방식을 모두 이해할 필요는 없습니다. 누군가 잘 동작하도록 만든 코드를 우리는 해결책으로 사용할 수만 있으면 됩니다. 전부 그러라는 게 아닙니다. 마치 우리가 파이썬을 배우려고 컴퓨터를 만들 필요는 없는 것과 같습니다. 그렇지만 정말 궁금하다면 아래의 THINK BIG 상자를 참고하세요.

THINK BIG

CODE BOX 4.2에서 cmd() 함수를 설정할 때 x 인수의 기본값으로 btn_text 값을 설정한 것을 볼 수 있습니다. 이것은 cmd() 함수에 인수를 제공하지 않으며 반복문 안에서 생성되는 모든 버튼의 command에 함수를 전달하면 괄호를 사용하지 않아도 원하는 작업의 수행이 가능하다는 의미입니다. 계산기의 버튼을 누르면 cmd() 함수를 호출하는데 cmd() 함수는 기본값으로 받았던 btn_text를 click() 함수에 전달하여 호출합니다. 그래서 click() 함수는 어떤 버튼이 눌렸는지 알 수 있습니다.

CODE BOX 4.2

```
# 반복문 안에서 숫자 버튼 생성
r = 0
c = 0
for btn_text in num_pad_list:
    def cmd(x=btn_text):
        click(x)
    Button(num_pad, text=btn_text, width=5, command=cmd).grid(row=r, column=c)
    c = c+1
    if c > 2:
        c = 0
        r = r+1
```

스크립트를 실행해봅시다. 계산기 버튼이 예상대로 동작하나요? operator_list의 코드를 변경할 수 있다면, 계산기 화면상의 버튼에 문자를 넣을 수 있을 겁니다.

CODE BOX 4.3을 보면 금방 알겠지만 각자 먼저 해보길 권합니다.

CODE BOX 4.3에서 btn_text가 어떻게 b로 바뀌었는지를 주목하세요. 이렇게 하면 작성은 빨리할 수 있지만 이해하기가 더 어렵습니다. 종종 이와 같은 코드를 볼 수 있지만, r과 c와 같은 카운트 변수를 제외하고는 변수 이름은 충분히 값을 설명하는 이름이어야 합니다.

CODE BOX 4.3

```
# 반복문 안에서 연산자 버튼 생성
r = 0
c = 0
for b in operator_list:
    def cmd(x=b):
        click(x)
    Button(operator, text=b, width=5, command=cmd).grid(row=r, column=c)
    c = c+1
    if c > 1:
        c = 0
        r = r+1
```

이제 애플리케이션을 실행해보겠습니다. 함수 호출이 제대로 실행되었나요? 이제 모든 버튼은 cmd() 함수를 통해 click() 함수에 버튼 레이블을 전달합니다. 마지막으로 각 버튼이 한 곳에서 작동하게 코드를 수정해봅시다.

4.2 완벽한 click() 함수

계산기의 버튼은 세 가지 유형이 있습니다.

- display 엔트리 위젯에 내용을 추가하는 버튼
- = 버튼을 누르면 수식을 평가해 display 엔트리 위젯에 표시
- C 버튼을 누르면 display 엔트리 위젯의 내용을 삭제

버튼은 대부분 계산기의 display 엔트리 위젯에 값을 출력합니다. 따라서 다른 모든 버튼의 동작을 처리한 후 함수의 맨 아래에 이런 일을 하는 코드를 남겨둡니다. 이제 *myCalculator4_start.py* 파일에 **CODE BOX 4.4**의 코드를 추가합니다. 이제 코드는 우리가 예상한 대로 동작할 것입니다.

CODE BOX 4.4

```
# 키 입력 함수:
def click(key):
    # = 버튼이 눌렸을 때 계산 수행:
    if key == "=":
        result = str(eval(display.get()))
        display.insert(END, " = " + result)
    # C 버튼이 눌려졌을 때 display 엔트리 위젯 내용 비움:
    elif key == "C":
        display.delete(0, END)

    # 그 외 다른 키를 눌렀을 때 실행될 기본 동작:
    else:
        display.insert(END, key)
```

4.2.1 CODE BOX 4.4 설명

`else:` 구문 이후의 코드는 앞에서 **기술**했던 것과 같습니다. 이것은 display 엔트리 위젯의 내용 끝에 버튼의 값 또는 기호를 삽입합니다.

코드에서 지우기 키의 처리는 `elif` 문 뒤에 나오며 display 엔트리 위젯에서 첫 번째 문자 위치부터 END를 지정해 모든 문자를 삭제합니다.

= 버튼(if 구문 뒤에)을 누르면 재미있는 일이 발생합니다. 여기에서 우리는 파이썬 언어가 계산을 할 때 꽤 쓸만하다는 사실을 알 수 있습니다.

다음 줄은 `result` 변수에 수학식을 계산하여 저장하는데 이 코드의 다음 라인은 = 기호를 표시하고 계산 결과를 display 엔트리 위젯에 추가합니다. 수학을 잘 이해하고 있다면 이 설명하기 복잡한 코드를 한 줄로 끝낼 수 있습니다.

```
result = str(eval(display.get()))
```

기본적으로 이 코드는 display 엔트리 위젯의 내용을 꺼내와서 평가한 다음 평가 결과를 result 변수에 문자열로 저장합니다.

그림 4.1 display 엔트리 위젯의 내용 계산과 계산기

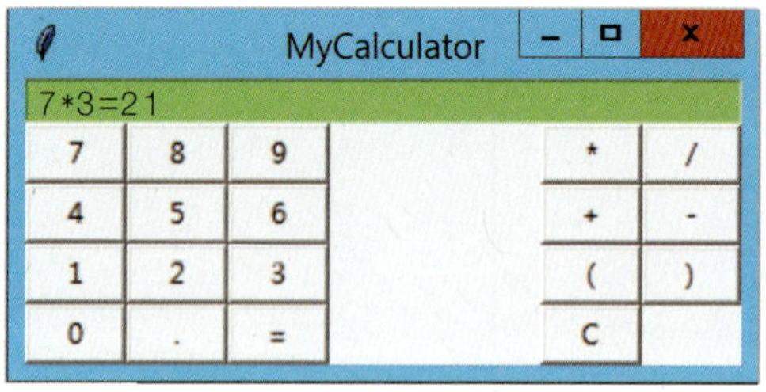

이 동작 방식은 동시에 일련의 함수를 적용합니다. 예를 들어 eval() 함수의 결과는 정수 또는 부동 소수점 타입의 데이터 유형입니다. 엔트리 위젯은 문자열만을 받기 때문에 float 계산 결과를 문자열 타입으로 변경하는 str() 함수를 사용합니다.

함수를 중첩하여 호출하는 코드를 입력하고 저장하는 것은 읽기 어렵습니다. 다음은 같은 코드를 여러 방법으로 표현한 것입니다.

```
result = display.get() # display 필드의 내용을 resulf 변수에 저장
result = eval(result) # eval() 함수를 사용해 계산식 평가
result = str(result) # 계산 결과를 문자열로 전환
```

하지만 이 방법은 해야 할 게 좀 많습니다.

4.3 테스트와 디버깅

이제 계산기 프로그램이 거의 완성되었습니다. 이번에는 혹시 문제가 있는지 테스트를 해봅시다. 다음의 계산식을 입력해봅시다. 그리고 계산 결과를 기록할 표를 만들어봅시다. 이 표는 디버깅 표로 부르기도 합니다.

```
테스트 계산
7*2, 7/2, 7+2, 7-2, 7*(7+2), 10/2, 10/6, 10/3, 7*(7+2))
```

표 4.1 디버깅 표 예시

수식	결과	정상 여부
7*2	14	✓
7/2	3.5	✓
7+2		
7*(7+2)		
10/2		
10/6		
10/3		
7*(7+2))		

끝까지 하다 보면 아마 두 가지 문제를 발견할 겁니다.

- 추가로 입력된 괄호와 예기치 않은 입력 등으로 인해 계산기는 콘솔에 오류 메시지를 제외한 어떤 응답도 출력하지 않습니다.
- 일부 나눗셈 계산 결과는 예기치 못한 결과일 수도 있습니다.
  (10/3의 결과로 3.3333333333333333을 기대하지만 계산 결과는 3.3333333333333335가 나옵니다.)

4.3.1 오류 잡기

2장에서 오류가 발생했을 때 처리할 수 있는 코딩 기법을 배웠습니다. 이 기술로 첫 번째 문제를 해결할 수 있습니다. 오류를 잡을 때 오류 메시지의 도움을 받을 수 있습니다. 파이썬은 이 작업을 지원하기 위해 동작이 실패할 수 있는 함수를 try: 다음에 넣고, except: 다음에서 오류가 있으면 오류를 처리합니다.

CODE BOX 4.5의 코드처럼 우리가 작성한 click() 메서드를 변경해야 합니다.

CODE BOX 4.5

```
# 키 입력 함수:
def click(key):
    # = 버튼이 눌렸을 때 계산 수행:
    if key == "=":
        try:
            result = str(eval(display.get()))
            display.insert(END, " = " + result)
        except:
            display.insert(END, " --> 오류!")
    # C 버튼이 눌려졌을 때 display 엔트리 위젯 내용 비움:
    elif key == "C":
        display.delete(0, END)

    # 그 외 다른 키를 눌렀을 때 실행될 기본 동작:
    else:
        display.insert(END, key)
```

이제 프로그램을 실행하고 프로그램이 이해하지 못하는 수식인 7∗(7+2))와 같이 추가 괄호를 어떻게 처리하는지 알아보겠습니다.

두 번째 해결해야 할 문제는 계산기가 10/3의 계산 결과를 구할 때 예기치 않은 어떤 지점에서 반올림된다는 것입니다.

THINK BIG

컴퓨터는 칩에 번호를 저장합니다. 칩의 각 위치에는 전류가 흐르거나 흐르지 않습니다. 이 방법으로 컴퓨터는 0과 1을 구분하며 2진수를 사용합니다. 여기서 각각의 메모리 위치는 오로지 0이거나 1뿐입니다. 쉽게 말해 한 손에 손가락이 하나 있는 것과 같습니다. 좀 어렵다면 방 불을 껐다 켰다 해보세요. 불이 켜진 상태와 꺼진 상태, 단 두 가지만 있죠? 컴퓨터는 이처럼 0과 1을 제외하고 다른 숫자는 허용되지 않습니다. 그러면 10진수를 2진수로 표현할 수 있을까요? 아마 이미 아는 내용일 수도 있을 겁니다. 다음 표에서 10진수에 대응하는 2진수를 표기했습니다.

10진수	2진수
1	1
2	10
3	11
4	100
5	101
6	110
7	111
8	1000

컴퓨터는 2진수로 계산을 시도하기에 10진수 0.1을 2진수로 표현할 때 문제가 발생합니다.

0.1 (10진수) = 0.0001100110011001100110 ... (2진수)

이것은 10진수에서 2를 3으로 나눌 때 일어나는 일, 즉 소수점이 0.66666이 되는 것과 같은 일이 발생합니다. 농담 같지만 컴퓨터가 2진수로 0.1을 정확하게 나타내는 것은 불가능합니다. 그렇기 때문에 어떤 지점에서 반올림을 하는 부정확성이 발생합니다. 보통 컴퓨터는 이렇게 나눗셈을 수행합니다.

1 10진수를 2진수로 변환합니다.

$10/3_{10} = 1010/11_2$

2 2진수 나눗셈을 합니다.

$1010/1_{12} = 11.01010101010\cdots_2$

(나눗셈한 결과가 반복되면 반드시 어느 시점에서 반올림을 해야 합니다.)

3 10진수로 변환합니다.

$3.333333333333333348136306995_{10}$

결국 컴퓨터는 나눗셈을 정확하게 할 수 없습니다! 차라리 우리가 하는 게 낫겠군요.
컴퓨터에서 이 문제는 매우 중요하면서도 해결하기 어려운 문제입니다.

이 문제를 해결하는 쉬운 방법이 있습니다. 파이썬에서 결과를 반올림하기 전에 반올림할 소수점 자릿수를 제공하는 것인데, 이 같은 결과를 반환하기 전 먼저 **슬라이싱**할 필요가 있습니다.

```
result = display.get() # display 엔트리 위젯의 내용을 변수에 저장
result = eval(result) # eval() 함수를 사용해 계산식 평가
result = str(result) # 문자열 형변환

# 0부터 10자리의 문자만 보여주도록 슬라이싱
# (예, 10진수로 이루어진 10자리 문자)
result = result[0:10]
```

4.3.2 짧은 코드의 아름다움

이 코드는 훨씬 짧은 코드로 작성할 수 있습니다. 다음과 같이 함수 호출을 중첩하면 됩니다.

```
result = str(eval(display.get()))[0:10]
```

자, 이제 여러분의 계산기 코드를 **CODE BOX 4.6**과 같이 수정하고 테스트해봅시다. 코드를 변경하고 저장하면 드디어 기능이 모두 갖춰진 계산기가 완성됩니다.

CODE BOX 4.6

```
# myCalculator.py

from tkinter import *

# 키 입력 함수:
def click(key):
    # = 버튼이 눌렸을 때 계산 수행:
    if key == "=":
        try:
            result = str(eval(display.get()))[0:10]
            display.insert(END, " = " + result)
        except:
            display.insert(END, " --> 오류")

    # C 버튼이 눌려졌을 때 display 엔트리 위젯 내용 비움:
    elif key == "C":
        display.delete(0, END)
    # 그 외 다른 키를 눌렀을 때 실행될 기본 동작:
    else:
        display.insert(END, key)
```

요점 정리

4장에서 배운 내용입니다.

- 함수에 기본값을 할당하는 방법
- 테스트와 디버깅을 하는 방법
- 오류를 잡고 제어하는 방법
- 2진수에 대한 THINK BIG과 컴퓨터에서 어떻게 더하기를 하는지
- 완전히 동작하는 계산기 제작
- 문자열을 슬라이싱하는 방법

이제 어려운 부분은 모두 끝났습니다. 이후에 계산기를 원하는 대로 수정할 텐데 그 전에 계산기를 마음대로 가지고 놀아보세요.

IDEA 1

앞으로 돌아가서 디버깅 표를 다시 만들면서 여러분이 기대하는 것처럼 계산기의 모든 테스트가 수행되는지 확인합니다.

IDEA 2

진짜 문제에 새로운 계산기를 이용해봅시다. 그런 다음 다른 계산기의 답변과 비교합니다.

IDEA 3

이전에 2진수 계산을 해본 적이 없다면, '7장 7.3 2진수 숫자'를 읽어봅시다. 여기서는 10진수를 2진수로 어떻게 변환하는지에 대해서도 설명해두었습니다.

IDEA 4

앞의 THINK BIG을 읽지 않았다면 IDEA 3을 이해하기 어려울 겁니다. 이제 좀 읽어볼 마음이 들었나요? 다시 돌아가서 읽고 오도록 합시다.

CHAPTER

05

사용자 정의 계산기

학습목표

- 계산기의 맞춤 제작을 위한 설계 방법을 배웁니다.
- 완전한 기능을 가진 몇 개의 고정 버튼을 생성합니다.
- 버튼 프로그래밍에 모듈로부터 함수를 불러 쓰는 방법을 학습합니다.
- 애플리케이션의 코드를 조직화 하는 구성 방법을 배웁니다.

5.1 버튼 더 추가하기

4장에서 만든 계산기는 정말 기본형입니다. 이 장에서는 계산기에 조금 더 전문적인 기능을 가진 버튼을 몇 개 추가하려 합니다.

5.1.1 컨테이너에 버튼 세트 추가하기

이 부분은 지금까지 이야기한 내용이 전부입니다. 그대로 입력해보면 아마 무슨 말인지 이해할 겁니다. 웹사이트에 있는 5장 폴더에서 *myCalculator5_start.py* 파일을 열어봅시다. 4장까지 만들었던 프로그램이 굉장히 깔끔하게 정리되어 있습니다. 중간중간 새로운 코드 조각을 이디에 추가했는지를 가리키는 주석도 있으니 찾아봅시다. 파일을 끝까지 훑어보면서 제대로 이해했는지 확인했다면 이제 **CODE BOX 5.1**의 내용을 추가해봅시다.

CODE BOX 5.1

```
#  상수 프레임 생성
constants = Frame(window)
constants.grid(row=3, column=0, sticky=W)

constants_list = [
'pi',
'빛의 이동 속도 (m/s)',
'소리의 이동 속도 (m/s)',
'태양과의 평균 거리 (km)' ]

# 반복문과 함께 상수 버튼 생성
r = 0
c = 0

for btn_text in constants_list:
    def cmd(x=btn_text):
        click(x)
    Button(constants, text=btn_text, width=22, command=cmd).grid(row=r, column=c)
    r = r+1
```

자, 좀 전에 새로 추가한 버튼은 상수입니다. 값이 바뀌지 않는다는 의미입니다. 2장에서 상수를 배웠으니 기억하실 겁니다. 예를 들어 소리의 속도는 과학적으로 정해진 값입니다. 이 스크립트를 실행해봅시다. 상수 버튼이 보이고 계산기의 화면에 이름이 출력되었다면 그럼 제대로 입력했다는 뜻입니다.

5.1.2 함수 버튼 세트 추가하기

이제 바뀐 계산기의 이미지를 다시 살펴봅시다.

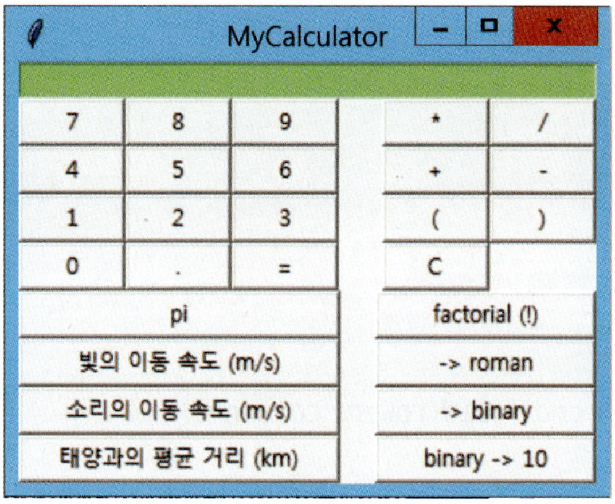

오른쪽 아래 구석에 있는 버튼 4개가 보이나요? 이 버튼은 계산기에 입력한 숫자에 대해 함수 세트를 적용하는 기능을 할 겁니다. 함수 버튼이라 부르도록 하겠습니다.

함수 버튼을 만들고 코드를 생성할 수 있는지 보세요. 이에 대한 답은 **CODE BOX 5.2**에 있습니다. 이왕이면 코드를 보지 않고 직접 할 수 있으면 좋겠습니다. 상수 코드를 가이드로 사용할 때 어떤 열과 행이 필요한지에 대해 생각해야 합니다.

CODE BOX 5.2

```
# 함수 프레임 생성
functions = Frame(window)
functions.grid(row=3, column=1, sticky=E)

functions_list = [
'factorial (!)',
'-> roman',
'-> binary',
'binary -> 10' ]

# 반복문과 함께 함수 버튼 생성
r = 0
c = 0
for b in functions_list:
    def cmd(x=b):
        click(x)
    Button(functions, text=b, width=13, command=cmd).grid(row=r, column=c)
    r = r+1
```

이제 계산기에 새로운 버튼의 이름이 표시되는지 확인해봅시다.

THINK BIG

이 장의 목적은 오로지 나만의 계산기를 만드는 것입니다. 이 책에서 다루는 함수는 다른 계산기에서 사용되지 않는 특이한 기능을 다룬 독특한 예제입니다. 그러나 전통적인 함수로 x^2 또는 √ 등을 추가하기 원할 경우 ** 연산자를 사용해 쉽게 추가할 수 있습니다.

```
def square(n):
    return n**2

def square_root(n)
    return n**0.5
```

버튼에 상수 붙이기

버튼에 상수를 붙이는 것은 쉽습니다. click() 함수에 새로운 버튼이 눌렸을 때에 대한 코드를 elif 문을 이용해 추가합니다. **CODE BOX 5.3**에 새로운 코드를 추가하여 *myCalculator5_start.py*를 고치는 작업을 계속하고 pi 버튼을 테스트합니다. 빠르게 나만의 상수를 추가할 수 있을 겁니다.

CODE BOX 5.3

```
# 첫 번째 상수 버튼에 대한 연결 코드:
elif key == constants_list[0]:
    display.insert(END, "3.141592654")
```

pi 버튼이 작동하나요? 그러면 다른 것도 한번 시도해보겠습니다. 몇몇 상숫값을 적어놨으니 다른 상수 버튼도 작동할 수 있도록 코드를 추가해봅시다.

- 빛의 속도: 300000000m/s
- 소리의 속도: 330m/s
- 태양까지의 평균 거리: 149597887.5km

제대로 추가했다면 함수가 예상한 대로 잘 동작할 겁니다. 확인해보세요. 혹시라도 제대로 동작하지 않는다면 **CODE BOX 5.4**를 보도록 합시다. 대신에 꼭 먼저 추가 상수 버튼을 작성한 다음에 보도록 합시다.

CODE BOX 5.4

```
# 상수 버튼에 대한 작업:
elif key == constants_list[0]:
    display.insert(END, "3.141592654")
elif key == constants_list[1]:
    display.insert(END, "300000000")
elif key == constants_list[2]:
    display.insert(END, "330")
elif key == constants_list[3]:
    display.insert(END, "149597887.5")
```

조직화된 함수 버튼을 얻기

이왕이면 가능한 한 읽기 쉽고 유연하게 코드를 사용하면 좋겠습니다. 어떻게 해야 할까요? 네, 별도의 파일에 함수를 저장하려 합니다. '*1부 모두를 위한 파이썬 기초*'에서 어떤 기능을 포함하고 있는 파일을 **모듈**이라고 불렀습니다. 그러면 프로그램에서 모듈을 사용하려면 무엇을 해야 하는지 기억하나요? 드디어 우리는 모듈을 만들고 사용하려 합니다. 먼저, 프로그램의 시작 부분에서 이 파일을 가져오도록 코드를 추가해야겠죠. click( ) 함수에 코드를 조금 덧붙이면 우리가 원하는 기능을 추가할 수 있을 겁니다.

웹사이트에서 소스 코드 5장 폴더 안에 *calc_functions.py*라는 모듈이 있습니다. 이 모듈은 버튼을 눌렀을 때 단순히 기능 버튼의 이름을 출력하는 기능이 있습니다. **CODE BOX 5.5**에서 확인해볼 수 있습니다.

CODE BOX 5.5

```
# 파이썬 계산기의 함수 모듈: 다음 단계

# 팩토리얼 함수:
def factorial(n):
    return "factorial (!)"

# 로마 숫자로 변환하는 함수:
def to_roman(n):
    return "-> roman"

# 10진수를 2진수로 변환하는 함수:
def to_binary(n):
    return "-> binary"

# 2진수를 10진수로 변환하는 함수:
def from_binary(n):
    return "binary -> 10"
```

지금부터 할 일은 *myCalculator5_start.py* 파일의 처음 세 줄의 내용을 **CODE BOX 5.6**의 내용으로 변경해서 개선하는 것입니다.

CODE BOX 5.6

```
# myCalculator.py

from tkinter import *
import calc_functions
```

THINK BIG

모듈을 가져오는 방법은 두 가지가 있습니다.

1. import calc_functions 구조의 사용: 이것을 사용하려면 프로그램에서 함수를 호출하는 부분에서 모듈을 참조하도록 해야 합니다. calc_functions.factorial(n)
2. tkinter 모듈의 메서드를 사용하는 다른 방법: 모듈을 가져오는 방법 중에 from tkinter import *는 애플리케이션에서 모듈의 함수를 호출할 때 더 이상 모듈 파일의 이름에 대한 참조를 먼저 진행할 필요가 없다는 것을 의미합니다. grid(row=r, column=c)

이 책에서 보여주는 파이썬 코드는 이 두 가지 방법을 모두 사용하며 책에 표기되어 있습니다. 어떤 건지 알았으니 이제 혼란스럽지 않을 겁니다.

factorial() 함수는 계산기의 factorial 버튼을 누르면 호출되며 **CODE BOX 5.7**에서 코드를 볼 수 있습니다. 현재 버튼을 누르면 버튼의 이름이 계산기의 display 엔트리 위젯에 표시 됩니다. 무슨 답을 내놓을지는 이후에 살펴보겠습니다. **CODE BOX 5.7**의 코드를 추가하고 이것이 어떻게 동작하는지 봅시다.

CODE BOX 5.7

```
# 함수 버튼 행동 정의:
elif key == functions_list[0]:
    n = display.get() # 현재 display 엔트리 위젯 값 수집
    display.delete(0, END) # display 엔트리 위젯 내용 비움
    display.insert(END, calc_functions.factorial(n))
```

이 테스트를 실행하기 전에 코드를 주의 깊게 읽고 어떤 일이 발생할지 예측해봅시다.

QUICK QUIZ 5.1

어떤 일이 일어날까요?

1 정답이 올바르게 계산됩니다.
2 오류 메시지가 나올 것입니다.
3 display 엔트리 위젯의 내용이 지워지고 버튼의 이름이 나타날 것입니다.
4 버튼의 이름이 display 엔트리 위젯 끝에 추가됩니다.

이제부터 할 일은 나머지 버튼 3개를 같은 방법으로 정리하는 것입니다. *calc_functions.py* 파일에 정의되어 있는 함수의 이름은 다음과 같습니다.

- to_roman(n)
- to_binary(n)
- from_binary(n)

좀 더 쉬운 방법이 있지만, 꼭 직접 해보길 바랍니다. 직접 한 다음에 쉬운 방법을 적용해보세요. 바로 **CODE BOX 5.8**에서 볼 수 있으며 코드를 복사하고 붙여넣으면 계산기 기능이 향상될 것입니다.

CODE BOX 5.8

```
# 함수 버튼 정의:
elif key == functions_list[0]:
    n = display.get() # display 엔트리 위젯 내용 수집
    display.delete(0, END) # display 엔트리 위젯 내용 비움
    display.insert(END, calc_functions.factorial(n))

elif key == functions_list[1]:
    n = display.get() # display 엔트리 위젯 내용 수집
    display.delete(0, END) # display 엔트리 위젯 내용 비움
    display.insert(END, calc_functions.to_roman(n))

elif key == functions_list[2]:
    n = display.get() # display 엔트리 위젯 내용 수집
    display.delete(0, END) # display 엔트리 위젯 내용 비움
```

```
    display.insert(END, calc_functions.to_binary(n))

elif key == functions_list[3]:
    n = display.get() # display 엔트리 위젯 내용 수집
    display.delete(0, END) # display 엔트리 위젯 내용 비움
    display.insert(END, calc_functions.from_binary(n))
```

지금부터 우리가 해야 할 일은 우리의 필요에 맞게 *calc_functions.py* 모듈을 조정하는 것입니다.

요점 정리

5장에서 배운 내용입니다.

- 맞춤 제작 계산기의 사용자 인터페이스 만들기
- 제대로 동작하는 상수 버튼의 생성
- 프로그램의 기능을 가지고 있는 모듈을 임포트하고 버튼에 연결
- 애플리케이션의 코드를 조직화하는 방법

자, 이제 계산기에는 8개의 프로그램을 수행하는 버튼이 있습니다. 그리고 더 중요한 것은 계산기를 프로그래밍하면서 파이썬의 여러 기능을 익혔다는 점입니다. 아래의 과제는 파이썬에 대한 흥미를 더해줄 겁니다.

CHALLENGE 1

함수 버튼 중 하나를 선택해 square로 이름을 바꿉니다. 그런 다음 *calc_functions.py* 파일에 기능을 추가하는 코드를 추가합니다. 147쪽의 "THINK BIG"을 참고하면 조금 더 수월하게 할 수 있을 겁니다.

CHALLENGE 2

함수 버튼의 또 다른 하나를 선택하고 `sqrt`로 이름을 바꿉니다. 그런 다음 *calc_functions.py* 파일에 기능을 추가하는 코드를 추가합니다. 필요한 경우 147쪽의 "THINK BIG"에서 내용을 볼 수 있습니다.

CHALLENGE 3

CODE BOX 5.7의 코드를 리팩터링해서 반복된 2개의 라인을 한 번만 코딩하도록 합니다. (**힌트:** 한 개의 `elif` 구문 안에 분리된 `if elif elif else` 구조를 사용해봅시다.)

IDEA

우리가 만든 계산기로 무엇을 더 할 수 있을까요?

- 다른 두 개의 버튼에 코드를 추가해서 할 수 있는 유용한 일을 생각해봅니다.
- factorial 수학 함수가 하는 일이 무엇인지 찾아 해봅니다.
- 계산기를 사용해서 빛이 태양으로부터 지구에 도착하는 데 몇 분이나 걸리는지 계산해봅니다.
- 우리의 계산기를 사용하지 않고 로마자를 사용해 얼마나 길게 표현할 수 있는지 해봅니다.
- 2진수를 10진수로 변환하는 것을 연습하고 7장 2진수 숫자의 절차를 써서 그 반대로 해봅니다.
- 모든 버튼 크기를 다시 변경하여 귀여운 작은 계산기를 만들어봅니다.
- 계산기 화면이 전체 화면을 차지하도록 하여 괴물 계산기를 만들어봅니다.

다음 장에서 배울 내용은?

여기까지만 봐도 좋습니다. 이미 우리는 상수 버튼과 함수 버튼을 변경하여 사용자 정의로 기능을 만들 수 있는 계산기를 만들었습니다. 무언가 더 하지 않고 계산기에 *calc_functions.py* 파일에 어떤 기능을 추가하는 걸 더 좋아할 수도 있습니다. 웹사이트의 '*Bonus Chapter*' 폴더의 '*Final*' 폴더에 *calc_functions.py*의 코드를 찾아볼 수 있습니다. '부록 함수 모음'에서 학습할 내용이 제공되는 최종 *calc_functions.py*의 복사본도 있습니다.

보너스 장에서는 프로그래머들은 이와 같은 기능을 만들기 위해 알고리즘을 어떻게 사용하는지에 대해 설명합니다. 어떤 내용은 매우 어렵지만 흥미로운 일이기도 합니다. 설사 전부 이해하지 못하더라도 꽤 도움이 될 겁니다.

CHAPTER

06

보너스 장 : 알고리즘

학습목표

- 프로그래밍이 가능한 버튼에 코드를 추가합니다.
- 알고리즘이란 무엇인지에 대해 배웁니다.
- 계산기 프로젝트를 완성합니다.
- 팩토리얼에 대해 배웁니다.
- 숫자를 로마 숫자로 변환하는 방법에 대해 배웁니다.

6.1 들어가기 전에

이 장에서는 *myCalculator.py* 파일을 변경하지 않을 겁니다. 하지만 이 파일은 계산기를 테스트할 때 필요하므로 열어 두고 실행합니다. 5장에서 처음 보았던 *calc_functions.py* 스크립트로 이번 장에서도 작업을 할 겁니다. 웹사이트에서 파일을 내려받고 '*Bonus Chapter*' 폴더의 하위 폴더인 '*Start*' 폴더에 있는 파일로 시작하겠습니다. '*Bonus Chapter*' 폴더의 하위 폴더인 '*Final*' 폴더에 있는 최종 파일 버전인 *myCalculator.py*와 *calc_functions.py* 파일도 있지만, 도저히 모르겠고 제대로 동작하지 않을 때만 참고하시기 바랍니다.

6.2 알고리즘 개발

알고리즘은 단계적인 해결책 또는 문제점을 해결하는 일련의 규칙입니다. 예를 들어 알파벳 순서로 단어의 목록을 정렬하는 것은 컴퓨터로 할 수 있는 중요한 일입니다. 문제는 간단해 보이지만 해결법은 여러 가지입니다. 이런 문제를 해결하는 연구는 대부분 가장 효율적인 알고리즘을 찾는 데 목적이 있습니다.

커피 한 잔을 만드는 과정을 알고리즘으로 표현해보겠습니다.

1 머그컵을 준비합니다.

2 머그컵에 인스턴트 커피 1 숟가락을 넣습니다.

3 주전자에 물을 넣습니다.

4 물을 끓입니다.

5 끓인 물을 머그컵의 상단 2cm 전까지 붓습니다.

6 냉장고에서 우유를 꺼내옵니다.

7 머그컵에 우유를 1cm만큼 붓습니다.

8 냉장고에 우유를 도로 넣습니다.

컴퓨터나 로봇은 이렇게 정확하게 지시해야지 커피 한 잔을 내줄 겁니다. 컴퓨터 애플리케이션을 만들 때도 함수에 알고리즘이 들어 있습니다. 알고리즘을 사용하는 방법에는 여러 가지가 있습니다. 일부 프로그래머는 순서도를 작성하기도 합니다. 일부는 바로 코드를 작성하면서 알고리즘을 따라가기도 합니다. 또 어떤 사람은 간단히 알고리즘을 작성한 후에 코드를 작성하려고 합니다. '바로-쓰기' 방법은 최선의 선택이 아니며 종종 다른 방법보다 훨씬 더 많은 코딩을 해야 합니다. 이 장에서 우리는 두 가지 알고리즘을 각각 다른 접근 방식으로 작성해보겠습니다.

6.3 팩토리얼 함수

팩토리얼이 기억나지 않는 사람도 있을 겁니다. 수학에서 5!라고 쓰면 이것을 '5 팩토리얼'이라고 읽습니다.

$$5! = 5 \times 4 \times 3 \times 2 \times 1$$
$$= 120$$

여기서 반복문이 필요할지도 모른다고 생각할 수 있습니다. 스스로 프로그래머라고 생각하고 어떻게 접근할지 생각해봅시다. 지금 첫 번째로 할 일은 알고리즘을 작성하는 것입니다. 각자 작성해보겠습니다. 그리고 다음을 봅시다.

1. 변수 n에 대상 숫자를 할당합니다.
2. 답변을 저장할 변수 ans를 생성합니다.
3. 변수 ans에 변수 n의 값을 저장합니다.
4. 변수 n에서 1씩 줄입니다.
5. 반복될 때마다 ans에 n을 곱하고 그 값을 ans에 저장합니다.
6. n이 1이 될 때까지 반복합니다.

지금 이 작업을 수행하는 코드를 작성할 있을 겁니다.

CODE BOX 6.1의 코드를 '*Bonus Chapter*'의 하위 폴더인 '*Start*'의 `calc_functions.py` 파일을 열어 추가합니다. 파일을 실행하면 오류가 발생할 겁니다. QUICK QUIZ는 문제 해결에 도움이 될 겁니다.

CODE BOX 6.1

```
# 팩토리얼 함수:
def factorial(n):
    ans=n # 반복문을 시작하기 전에 ans 변수에 초깃값 설정
    while n>1:
        ans=ans*(n-1)
        n=n-1
    return ans
```

QUICK QUIZ 6.1

잘못된 것은 무엇입니까?

1 코드는 작동하지만 잘못된 답변을 만들어내고 있습니다.
2 for 반복이 종료되지 않습니다.
3 알고리즘에 오류가 있습니다.
4 계산기 스크립트는 함수에 정수가 아닌 문자열을 전달합니다.

문제 해결의 단서는 오류 메시지의 마지막 행에 있습니다. 이 문제를 해결하기 위해 문자열을 정수로 형변환하는 줄을 추가해야 합니다. **CODE BOX 6.2**처럼 코드를 고칩니다.

CODE BOX 6.2

```
# 팩토리얼 함수:
def factorial(n):
    n=int(n) # 문자열 인수를 숫자 인수로 형변환
    ans=n # 반복문을 시작하기 전에 ans 변수에 초깃값 설정
    while n>1:
        ans=ans*(n-1)
        n=n-1
    return ans
```

6.3.1 테스팅과 디버깅을 할 시간

계산기를 실행하고 팩토리얼 기능이 잘 동작하는지 검토해봐야 합니다. 0!은 1이라는 걸 알고 있나요? 계산기에 0!을 입력하면 당연히 동작하지 않습니다.

4장에서 그랬던 것처럼 다른 문제가 발견되는지 확인하기 위해 디버깅 표를 그려 결괏값을 테스트해봅시다.

```
테스트 값
5, 0, 7-2, 3.2, 50, 5+2 = 7
```

표 6.1 디버깅 표

테스트 값	예상 값	실제 결괏값
5	120	120
0	1	0
7-2		
3.2		
50		
5+2=7		

몇 가지 문제점을 찾았나요? 정리하면 다음과 같을 겁니다.

- 0 팩토리얼은 계산할 수 없습니다. 0!=1은 특별한 경우입니다.
- 수가 너무 커지면 계산기의 동작이 멈춥니다.
- 음수 팩토리얼을 계산할 수 없습니다.
- 소수점이 있는 실수 팩토리얼을 계산할 수 없습니다.

결함이 있는 코드 대신에 버그가 수정된 **CODE BOX 6.3**의 코드를 복사해서 추가할 수 있습니다.

CODE BOX 6.3

```
# 숫자를 받아 팩토리얼 계산:
def factorial(n):
    try:
        n = int(n)
    except:
        return "--> 오류!"

    # '0'과 같은지 체크(특별한 경우):
    if n == 0:
        return 1

    # 매우 큰 수인지 확인해서 돌려보냄:
    if n > 40:
        return "--> 답이 화면을 가득 채울 수 있습니다!"

    # 음수에 발생한 경우에 대한 점검:
      if n < 0:
          return "--> 오류!"

    # 팩토리얼 알고리즘 적용:
    ans=n # 반복문을 시작하기 전에 답변의 초깃값 설정
    while n > 1:
        ans = ans * (n-1)
        n = n-1
    return ans
```

6.3.2 CODE BOX 6.3 설명

화면으로부터 입력되는 값이 **정수**가 아니면 오류가 발생될 테니 `try: except:`를 사용해서 이를 방지해봅시다.

또 `0!`처럼 특별한 수학적 약속을 처리해야 하니 `if`문을 사용하겠습니다.

숫자가 너무 컸을 때 발생하는 문제도 이런 식으로 해결할 수 있습니다. 매우 큰 수를 입력하면 계산기가 동작을 중지할 수 있기 때문에 중요합니다.

끝으로 음수 처리를 해야하는데, 그 이유는 팩토리얼을 생성할 수 없기 때문입니다. 이제 0보다 작은 숫자에 대한 테스트만 해보면 되겠네요.

6.4 로마 숫자 함수

로마 숫자로 정수를 변환하려면 다른 알고리즘이 필요합니다. 이번에는 잠시 코드를 벗어나 순서도를 먼저 그려보겠습니다.

그림 6.1 로마 숫자로 바꾸는 과정을 그린 순서도

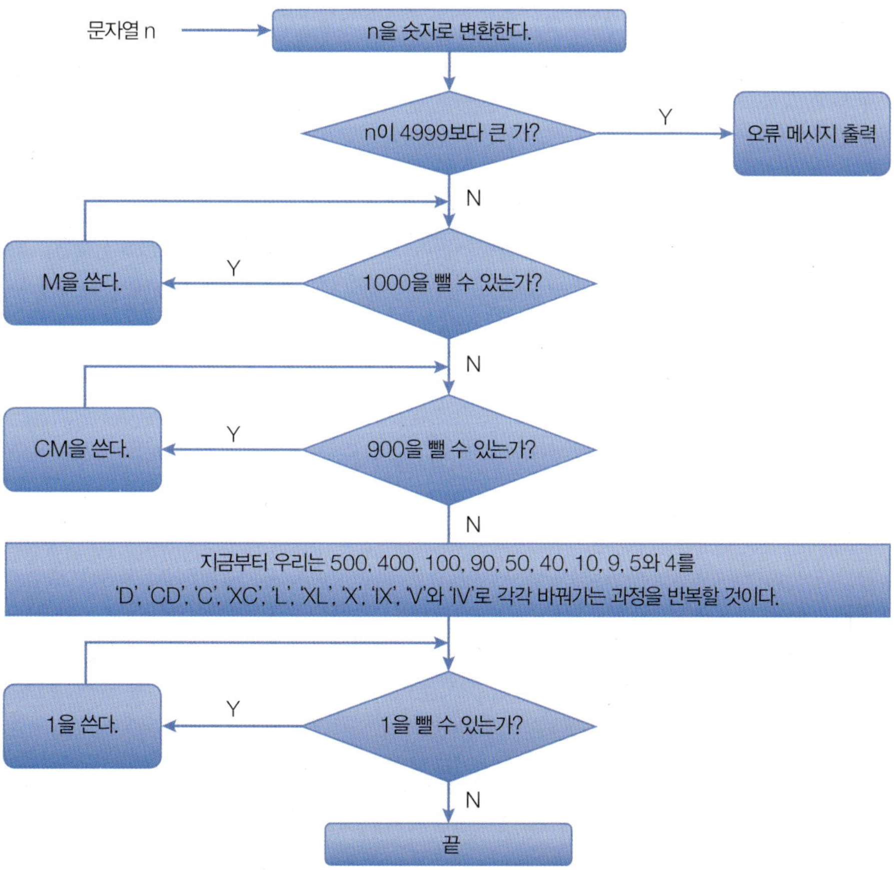

순서도에서는 숫자의 집합(1000, 900, 500, 기타)을 저장하기 위해 튜플을 제안합니다. 그래서 튜플로 반복문을 사용할 겁니다. 또한 문자로 표현된 값을 찾아서 값을 매치할 수 있는 사전이 필요합니다. 이것은 간단하게 코드로 작성할 수 있으며 여러 가지 방법으로 달성할 수 있습니다. *calc_functions.py* 파일에 **CODE BOX 6.4**의 코드를 입력해봅시다. 어디에 넣어야 할지 잘 생각해봅시다. 사용자가 입력하는 대로 동작하니 신중하게 생각해야 합니다.

CHALLENGE

우리가 아직 프로그래밍에 능숙한 사람들이 아니니 **CODE BOX 6.4**의 코드를 사용하라고 권했습니다. 물론! 원한다면 **CODE BOX 6.4**를 보지 않고 직접 해보는 게 좋습니다. 힌트를 준다면 튜플과 사전을 생성하고, PUZZLE을 풀기 위해서 반복문 안에서 튜플을 사용해야 합니다.

CODE BOX 6.4

```
# 로마 숫자로 변환하는 함수:
def to_roman(n):
    try:
        n = int(n)
    except:
        return "--> 오류!"

    # 인수가 4999보다 큰 숫자인지 범위를 벗어난 것으로 판단합니다:
    if n > 4999:
        return "--> 범위를 넘어섭니다."

    # 튜플과 사전 생성:
    numberBreaks = (1000,900,500,400,100,90,50,40,10,9,5,4,1)
    letters = {1000 : "M", 900 : "CM", 500 : "D", 400 : "CD", 100 : "C", 90 : "XC", 50 :
               "L", 40 : "XL", 10 : "X", 9 : "IX", 5 : "V", 4 : "IV", 1 : "I" }

    # 알고리즘 시작:
    result = ""
    for value in numberBreaks:
```

```
        while n >= value:
            result = result+letters[value]
            n = n-value
    return result
```

6.4.1 CODE BOX 6.4 설명

이것은 코드로 변환하기에는 다소 까다로운 알고리즘이지만, 사실 새로울 것은 없습니다. 이 코드가 동작하는 방식을 보려면 159쪽의 순서도를 보면서 신중하게 비교하기 바랍니다.

6.5 2진수로 변환하는 함수

파이썬에는 이미 진수를 변환하는 함수가 있습니다. 덕분에 이번에는 간단하게 코드를 작성할 수 있을 겁니다. `try:`와 `except:`로 감싼 코드가 많아 보이지만, 단 두 줄만 제대로 보면 됩니다. 바로 다음 코드입니다.

```
n = int(n)
return bin(n)[2:]
```

첫 번째 줄은 우리가 입력한 문자를 숫자로 변환합니다.

QUICK QUIZ 6.2

자료형을 다른 데이터로 변환하는 걸 프로그램에서는 뭐라고 하는지 프로그래머의 언어로 말해봅시다.

1 형변환
2 스로잉
3 캐칭

두 번째 줄을 보니 파이썬의 bin() 함수를 사용합니다. bin() 함수는 문자열 형태의 2진수를 반환하는데 앞에 0b가 붙습니다.

```
>>> bin(10)
'0b1010'
```

우리가 원하는 걸 화면에 표시하려면 첫 글자 두 개는 제거해야 합니다. 0b는 사실 필요한 값이 아니니까요. 그래서 함수 호출 끝에 [2:]를 붙였습니다. 기억나나요? **슬라이싱**! bin() 함수는 문자열로 값을 반환하는 덕분에 [2:]를 붙여 간편하게 **슬라이싱**할 수 있습니다. 이제 화면에 표시되는 문자열은 인덱스 2부터 시작한 문자열이 반환될 것입니다. 이것이 우리가 원하는 값입니다.

이제 **CODE BOX 6.5**의 코드를 *calc_functions.py* 파일에 복사하여 버튼이 동작하도록 합니다.

CODE BOX 6.5

```
# 10진수를 2진수로 변환하는 함수
def to_binary(n):
    try:
        n = int(n)
        return bin(n)[2:]
    except:
        return "--> 오류!"
```

6.6 마지막 함수

자 다시, 파이썬의 int()를 기억해봅시다. int() 함수는 문자열을 정수로 형변환해주는 함수인데 다행히 파이썬은 이 함수를 이미 내장하고 있습니다. 보통 int() 함수에는 인수로 문자열 타입으로 된 숫자만 넘겨주며 다른 인수는 제공하지 않습니다. 그런데 여기에 2진수 문자열을 제공하는 경우 몇 진수를 전달하는지를 추가로 인수로 제공해야 합니다. 기본값은 10진수라서 2진 숫자를 제공한다면 int() 함수에 정확하게 무엇을 할 것인지를 말해줘야 하는 겁니다.

```
>>> int("100", 2)
4
```

이제 우리가 원하는 기능이 추가된 계산기를 제대로 동작하게 만들기 위해 **CODE BOX 6.6**의 코드를 *calc_functions.py* 파일에 추가합시다.

CODE BOX 6.6

```
# 2진수를 10진수로 변환하는 함수:
def from_binary(n):
    try:
        return int(n, 2)
    except:
        return "--> 오류!"
```

버튼에 연결할 수 있는 다른 함수도 많습니다. 원한다면 처음부터 만들 필요 없이 이 프로그램에 버튼을 더 추가할 수도 있습니다. 다른 계산기를 살펴보고 그 계산기의 기능을 검토하면 아마 좋은 생각이 떠오를 수 있을 겁니다. 우리가 만든 계산기도 역시 무언가 특별한 작업을 할 수 있게 기능을 추가해보는 것도 좋습니다.

요점 정리

6장에서 배운 내용입니다.

- 팩토리얼을 어떻게 계산하는지에 대해 배웠습니다.
- 알고리즘에 대해 배웠습니다.
- 프로그래밍 가능한 버튼에 코드를 추가했습니다.
- 숫자를 로마 숫자로 어떻게 변환하는지를 찾았습니다.
- 형변환에 대해 더 배웠습니다.
- 계산기 프로젝트를 완료했습니다.

우리가 사용할 수 있는 옵션은 훨씬 많습니다. 상수 버튼도 있고요. 계산기 성능을 향상할 수 있는 아이디어 몇 가지를 적어봤습니다.

IDEA

- 버튼을 더 작게 만들고 디스플레이의 폭을 조정하여 계산기의 크기를 다시 변경합니다.
- 화면의 색상을 변경합니다.
- 즐겨찾는 버튼의 기능을 변경합니다.

프로그래밍 언어의 기초를 이해한 다음, 다른 사람이 작성한 코드가 어떻게 동작하는지를 이해하는 것은 매우 중요한 기술입니다. 하지만 설령 다른 사람의 코드가 어떻게 작동하는지 정확히 이해하지 못한다고 해도 걱정할 필요가 없습니다. 다른 사람의 코드를 이해하려 노력했다는 점이 배우는 우리에겐 굉장히 중요하니까요.

'*1부 모두를 위한 파이썬 기초*'에서와 마찬가지로 보너스 애플리케이션은 `myCalculatorPlus.py` 파일로 제공됩니다. 이 파일의 소스코드는 '*Bonus Chapter*' 폴더에 '*BiggerBonus*' 폴더에 있습니다. 계산기의 하단에 작은 게임을 실행하는 버튼을 추가합니다. 이 게임은 모든 2진수를 10진수로 변환하는 방법에 대한 것입니다.

'play time' 버튼을 누르면 계산기의 화면에 2진수가 표시됩니다. 이 게임의 목적은 최대한 빨리 10개의 2진수를 지워 나가는 것입니다. 표시되는 임의의 2진수를 지우려면 여기에 해당하는 10진수의 계산기 숫자키를 누릅니다. 올바른 수를 넣으면 새로운 번호가 표시됩니다. 게임을 완료하면 게임에 걸린 시간을 알려줍니다.

몇 가지 아이디어를 통해 게임을 변형시켜봅시다.

FURTHER IDEA

- 타이머를 더 정확하게 만들어봅시다.
  (**힌트:** 문자열이 다섯 자리로 잘린 곳을 알려주는 코멘트를 찾습니다.)
- 동생 또는 친구가 좋아할 만한 게임으로 수정할 수도 있습니다. "두더지 잡기" 게임 같은 종류의 것으로 실제의 버튼 넘버가 보이도록 게임을 쉽게 고쳐봅시다.
- 화면에 로마 숫자를 표시하고 올바른 숫자 버튼을 맞힐 수 있도록 게임을 변경합니다.

A HARDER IDEA

myCalculatorPlus.py 파일의 사본을 작성하고 다음에 따라 게임을 변경합니다.

- 플레이어에게 묻습니다. "연습할 구구단을 선택하세요."
- 계산기에서 사용자가 5단을 선택했다면 계산기는 임의로 세트 수를 표시합니다. 0, 5, 10, 15, 20, 25, 30, 35, 40, 45. 출력 결과를 지우고 다음 것으로 가기 위해 사용자는 0, 1, 2, 3, 4, 5, 6, 7, 8, 9 중 하나를 입력합니다.

PUZZLE 6.1

이제 조금 프로그래밍을 알 것 같나요? 진짜 도전할 만한 과제를 드리겠습니다. 숫자를 로마 숫자로 변환하는 코드를 보면 정보의 불필요한 반복이 있습니다. 튜플에 있는 값은 사전에도 있습니다. 이게 모두 필요하다고 생각하나요? 글쎄요. 좀 더 간결하게 할 수 있지 않을까요? 이를 매우 유용한 구조인 튜플 안의 튜플로 교체해야 합니다.

```
romans = (
          (1000, "M"), (900, "CM"), (500, "D"), (400, "CD"), (100, "C"), (90, "XC"),
          (50, "L"), (40, "XL"), (10, "X"), (9, "IX"), (5, "V"), (4, "IV"), (1, "I")
          )
```

그림 6.2 대화형 모드에서 작성한 모습

```
Python Shell
File Edit Shell Debug Options Windows Help

Python 3.2.1 (default, Jul 10 2011, 20:02:51)
[MSC v.1500 64 bit (AMD64)] on win32
Type "copyright", "credits" or "license()" for more information.
==== No Subprocess ====
>>> romans = ((1000, "M"), (900, "CM"), (500, "D"), (400, "CD"), (100, "C"), (90,
"XC"), (50, "L"), (40, "XL"), (10, "X"), (9, "IX"), (5, "V"), (4, "IV"), (1, "I"))
>>>
>>> romans
((1000, 'M'), (900, 'CM'), (500, 'D'), (400, 'CD'), (100, 'C'), (90, 'XC'), (50,
'L'), (40, 'XL'), (10, 'X'), (9, 'IX'), (5, 'V'), (4, 'IV'), (1, 'I')
)
>>>
>>> romans[0]
(1000, 'M')
>>>
>>> romans[0][0]
1000
>>>
>>> romans[0][1]
'M'
>>>
>>> len(romans)
13
>>>
Ln: 3 Col: 4
```

튜플과 사전보다는 튜플에 튜플을 사용할 수 있도록 지금 *calculator_functions.py*의 로마 숫자 코드를 재작성해봅시다.

행운을 빕니다. 정말 모르겠다면 답을 봐도 좋아요.

CHAPTER

07

2부 요점 정리

7.1 더 들여다보기

2부가 끝났습니다. 이제 프로그래밍에 흥미가 생겼기를 바랍니다. 그리고 스스로 해보길 바라는 마음에서 추가로 읽어볼 만한 자료를 제공합니다. 대부분 영어 사이트라는 점이 조금 아쉽습니다.

파이썬 정보

다음 사이트는 영어로 되어 있습니다.

- 파이썬 공식 문서: http://docs.python.org/py3k/
- 라즈베리파이 배우기의 파이썬 장: http://downloads.raspberrypi.org/Raspberry_Pi_Education_Manual.pdf.
- PyGame 웹사이트: 이 사이트에 가면 게임에 필요한 모듈을 내려받아 게임을 좀 더 쉽게 만들 수 있을 겁니다. 파이썬 코딩 매니아 커뮤니티도 있고 직접 게임을 만들어 올릴 수도 있습니다. 아마 우리가 찾는 최고의 사이트일 겁니다. 다만 영어 사이트입니다. 주소는 www.pygame.org입니다.

다른 프로그래밍 언어

파이썬 다음으로 자주 접할 언어는 아마도 자바일 겁니다. 자바는 C 언어와 매우 유사하며 자바를 배운다면 프로그래밍에 처음 중괄호를 사용하는 경험을 얻을 겁니다. 자바는 사용할 수 있는 자원이 많습니다. 아마도 자바를 시작하기에 가장 좋은 곳은 GreenFoot일 겁니다. 자바는 클래스와 객체를 아주 많이 사용하므로, '*3부 제대로 된 파이썬 앱 만들기*'를 읽으면 오히려 파이썬을 더 선호할 겁니다.

- 자바 프로그래밍: www.greenfoot.org/

도움을 주는 웹사이트

- www.codingclub.co.uk
- htttp://www.hanbit.co.kr/exam/2254

이 책은 Cambridge University Press의 〈Coding Club〉 시리즈의 1~3권을 합본한 도서입니다. 원서 웹사이트에서 코드를 내려받으려면 해당 부를 확인한 다음 내려받으세요. 웹사이트에서는 이 책의 PUZZLE과 CHALLENGE에 대한 답변 그리고 시작 파일과 보너스 코드를 포함한 완전한 소스 코드가 있습니다. 또한 이 책의 다른 부의 장 소개 등 다른 정보를 찾아볼 수 있습니다.

7.2 자료 정리

반복문을 사용하여 버튼 추가하기

```
for btn_text in button_list:
    def cmd(x=btn_text):
        # 버튼에 함수를 추가할 때 버튼 레이블을 인수로 제공:
        click(x)
    Button(num_pad, text=btn_text, width=5, command=cmd)
```

오류 표시

```
def my_function(args):
    try:
        # 함수가 해야할 일
    except:
        return "--> 오류!"
```

tkinter 위젯

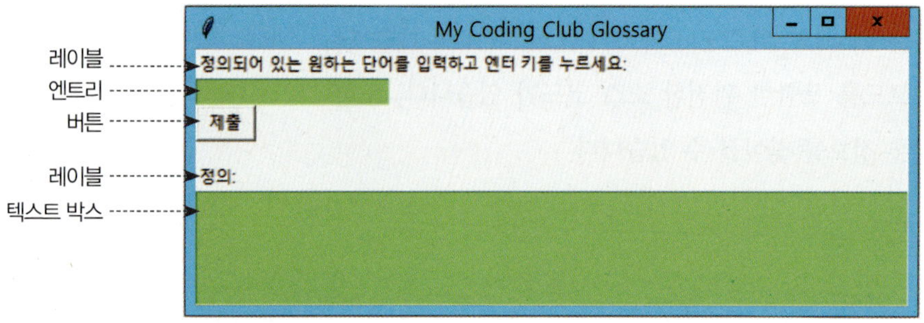

window 생성 코드

```
window = Tk()
```

window 안의 위젯 생성 코드

```
my_frame = Frame(window)
my_label = Label(my_frame, text="여기에 텍스트를 입력하세요.")
my_text_entry_box = Entry(my_frame, width=20, bg="light green")
my_button = Button(my_frame, text="제출", width=5,
                   command=[호출할 함수 이름을 적습니다.])
my_text_box = Text(my_frame, width=75, height=6, wrap=WORD, background="light green")
```

컨테이너 자료형 정리

표 7.1은 문자열, 튜플, 리스트와 사전에 사용할 수 있는 유용한 함수의 목록을 제공합니다. **표 7.1**은 다음과 같은 컨테이너가 생성되었다고 가정합니다.

```
>>> s = "bar" # 문자열
>>> t = ("b", "a", "r") # 튜플
>>> l = ["b", "a", "r"] # 리스트
>>> d = {1:"b", 2:"a", 3:"r"} # 사전
```

표 7.1 유용한 기능

기능	문자열	튜플	리스트	사전
모든 요소 출력	>>> print(s) bar	>>> print(t) ('b', 'a', 'r')	>>> print(l) ['b', 'a', 'r']	>>> print(d) {1: 'b', 2: 'a', 3: 'r'}
요소 출력	>>> print(s[2]) r	>>> print(t[2]) r	>>> print(l[2]) r	>>> print(d[2]) a

결합	>>> a=s+"f"
	>>> a
	'barf'
		>>> a=t+("f",)
		>>> a
		('b', 'a', 'r', 'f')
			>>> a=l+["f"]
			>>> a
			['b', 'a', 'r', 'f']	

요소 추가	안 됨	안 됨	>>> l.append("f")
			>>> l
			['b', 'a', 'r', 'f']
				>>> d[4]="f"
				>>> d[4]
				'f'

정렬	안 됨	안 됨	>>> l.sort()
			>>> l
			['a', 'b', 'r']
				>>> sorted(d)
				['1', '2', '3']
				>>> sorted(d.values())
				['a', 'b', 'r']

요소 삭제	안 됨	안 됨	>>> del l[1]
			>>> l
			['b', 'r']
				>>> del d[1]
				>>> i
				{2:'a', 3:'r'}

요소 치환	안 됨	안 됨	>>> l[0]="c"
			>>> l
			['c', 'a', 'r']
				>>> d[1]="c"
				>>> print(d)
				{1: 'c', 2: 'a', 3: 'r'}

찾기	>>> i.find("b") 0	>>> t.index("b") 0	>>> l.index("b") 0	
길이 얻음	>>> len(s) 3	>>> len(t) 3	>>> len(l) 3	>>> len(d) 3

7.3 2진수 숫자

2진수를 이해하기 위한 가장 좋은 방법은 10진수가 어떻게 동작하는지를 여러분 스스로 다시 생각해보는 겁니다. 오른쪽부터 시작해서 0이 하나 더 붙으면 왼쪽으로 넘어갑니다.

10진수 숫자 347을 예로 들겠습니다. 일의 자리는 7, 십의 자리는 4, 백의 자리는 3이며, 천의 자리는 없습니다.

$1000 = 10^3$	$100 = 10^2$	$10 = 10^1$	$1 = 10^0$
	3	4	7

다음처럼 표현할 수 있습니다.

$$347 = (3 \times 100) + (4 \times 10) + (7 \times 1)$$

2진수도 10진수처럼 똑같이 표현할 수 있습니다.

예로 2진수 1101을 칸을 나누어 표현해보겠습니다. 다만 0이 붙는 게 아니라 2의 배수로 진행되는 점이 다릅니다. 즉 일의 자리, 2의 자리, 4의 자리, 8의 자리인 겁니다. 다음처럼 배열할 수 있나요?

$8=2^3$	$4=2^2$	$2=2^1$	$1=2^0$
1	1	0	1

좀 전과 동일하게 수식으로 옮겨봅시다. 이 방법이 바로 2진수를 10진수로 만드는 방법입니다. 2진수 1101을 10진수 13으로 만드는 식은 다음과 같습니다.

$$\begin{aligned} 1101_2 &= (1 \times 8) + (1 \times 4) + (0 \times 2) + (1 \times 1) \\ &= 13_{10} \end{aligned}$$

재미있는 걸 알려드리겠습니다. 손가락을 이용해서 간단히 2진수를 10진수로 바꾸는 방법이 있습니다. 다음처럼 손가락에 숫자를 적어봅시다.

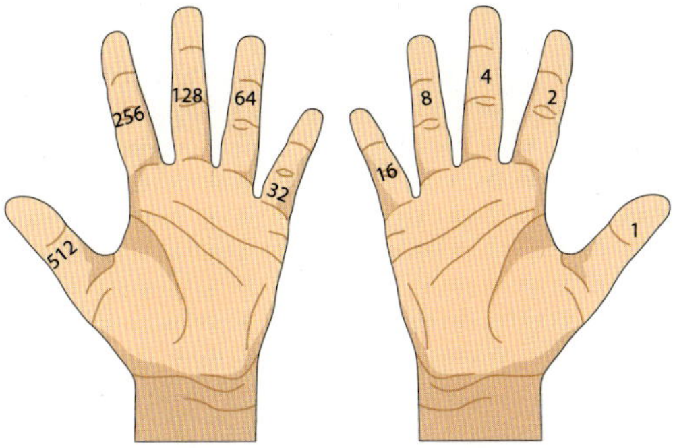

2진수가 1일 때는 손가락을 펴고 0일 때는 접어주세요. 그러면 오른손으로 2진수 1101을 표현하면 다음과 같나요?

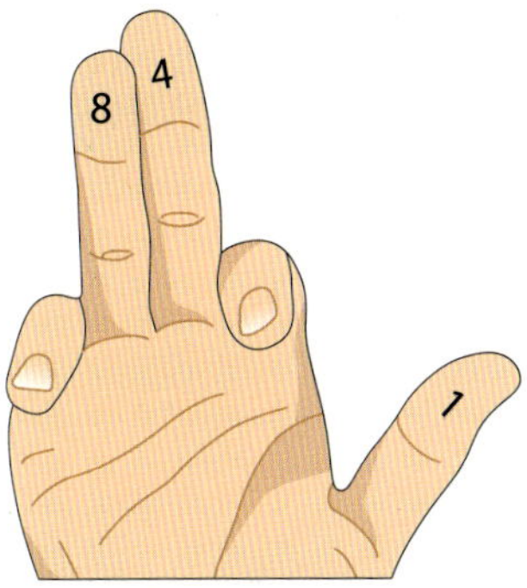

이제 보이는 숫자를 더해주면 됩니다.

8 + 4 + 1 = 13

굉장히 간단한 방법으로 10진수로 변환했습니다.

7.4 2부 함수 모음

```
# calc_functions.py
# 파이썬: 다음 단계의 계산기의 함수 모듈

# 숫자를 받아 팩토리얼 계산:
def factorial(n):
    try:
        n = int(n)
    except:
        return "--> 오류!"

    # '0'과 같은지 체크(특별한 함수):
    if n == 0:
        return 1

    # 매우 큰 수인지 확인해서 돌려보냄:
    if n > 40:
        return "--> 답변이 화면을 가득 채울 수 있습니다!"

    # 음수에 발생한 경우에 대한 점검:
    if n < 0:
        return "--> 오류!"

    # 팩토리얼 알고리즘 적용:
    ans=n # 반복문을 시작하기 전에 답변의 초깃값 설정
    while n > 1:
        ans = ans*(n-1)
        n = n-1
    return ans

# 로마 숫자로 변환하는 함수:
def to_roman(n):
    try:
        n = int(n)
```

```
    except:
        return "--> 오류!"

    # 인수가 4999보다 큰 숫자인지 범위를 벗어난 것으로 판단합니다:
    if n > 4999:
        ans = "--> 범위를 넘어섭니다."
        return ans

    # 알고리즘 시작:
    numberBreaks = (1000,900,500,400,100,90,50,40,10,9,5,4,1)
    letters = {1000 : "M", 900 : "CM", 500 : "D", 400 : "CD", 100 : "C",
               90 : "XC", 50 : "L", 40 : "XL", 10 : "X",
               9 : "IX", 5 : "V", 4 : "IV", 1 : "I" }
    result = ""
    for value in numberBreaks:
        while n >= value:
            result = result + letters[value]
            n = n-value
    return result

# 10진수를 2진수로 변환하는 함수:
def to_binary(n):
    try:
        n = int(n)
        return bin(n)[2:]
    except:
        return "--> 오류!"

# 2진수를 10진수로 변환하는 함수:
def from_binary(n):
    try:
        return int(n, 2)
    except:
        return "--> 오류!"
```

PART 03

제대로 된 파이썬 앱 만들기

CHAPTER

01

비밀번호 맞추기

학습목표

- 변수
- if, elif와 else
- 함수
- while 반복
- 모듈
- IDLE 스크립트 모드 사용

아직 '*1부 모두를 위한 파이썬 기초*'를 이해하지 못했다면 아무래도 3부의 내용이 어렵게 느껴질 겁니다. 1부를 읽지 않았지만 적어도 변수와 함수를 알고 IDLE에서 대화형 모드와 스크립트 모드 사용법을 알고 있다면 별 어려움 없이 읽을 수 있을 겁니다. 1장에서는 앞서 배운 내용을 복습할 겸 '내 비밀번호 추측하기'라는 매우 간단한 프로그램을 만들어보겠습니다.

1.1 내 비밀번호 추측하기

플레이어에게 내 비밀번호를 알아맞춰보라고 물어보며 게임을 시작해봅시다. 프로그램은 플레이어가 비밀번호를 입력할 때까지 기다린 다음 비밀번호를 변수에 저장합니다. 그다음 플레이어가 입력한 비밀번호를 컴퓨터의 비밀번호와 비교합니다. 플레이어가 입력한 비밀번호가 컴퓨터의 비밀번호와 같다면 축하 인사를 출력하고 틀리면 임의의 메시지를 출력한 후 플레이어에게 재시도할지 물어봅니다.

앞서 1부와 2부에서 IDLE을 소개했었습니다. 기억할지 모르겠는데 IDLE 역시 IDE(통합개발환경)의 한 종류입니다. IDLE을 열어서 *File* 메뉴에서 *New Window*를 선택해봅시다. 이렇게 하면 IDLE의 **스크립트 모드**로 진입합니다. 그리고 나서 **대화형 모드**의 콘솔과 새 윈도우의 스크립트 모드 창을 재정렬하면 대화형 모드와 스크립트 모드를 편하게 한 눈에 볼 수 있습니다.

그림 1.1 IDLE 재정렬

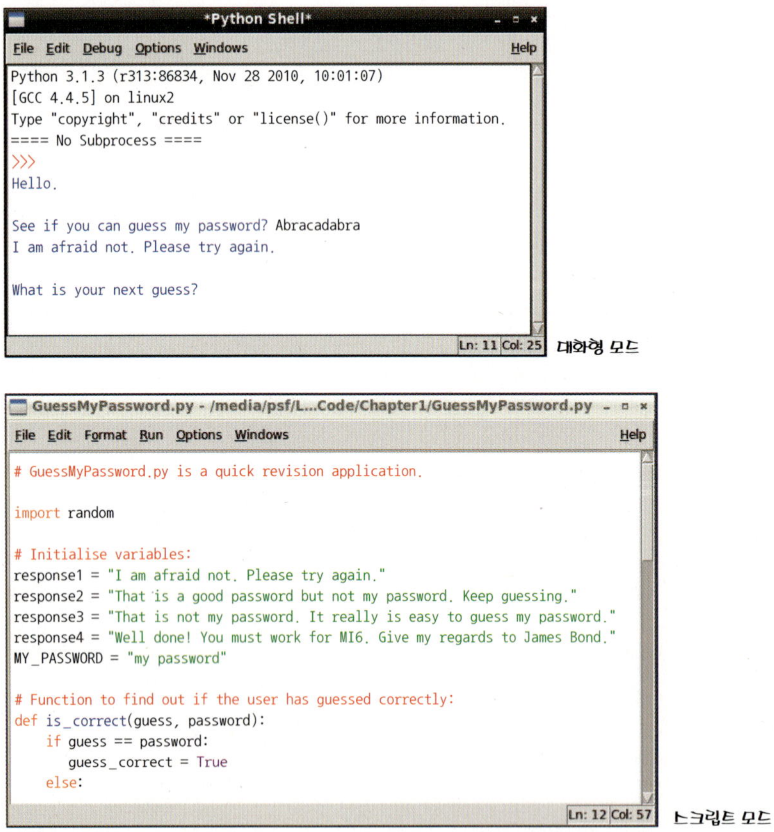

CODE BOX 1.1

```
# 빠르게 살펴보는 GuessMyPassword.py

import random

# 변수 초기화
response1 = "걱정말고 다시 시도해보세요."
response2 = "그럴 듯하지만 내 비밀번호는 아니에요. 다시 입력해보세요."
response3 = "내 비밀번호가 아니에요. 내 비밀번호는 정말 쉬워요."
response4 = "잘했어요!"
MY_PASSWORD = "my password"
```

위에 있는 **CODE BOX 1.1**의 코드를 입력하고 파이썬 코드 폴더를 만든 후 *GuessMyPassword.py* 이름을 가진 파일로 저장합니다.

이전에 저장했던 폴더에 만들어도 되고 '내 폴더'에 만들어도 됩니다. 적당한 장소를 고르면 됩니다.

1.1.1 CODE BOX 1.1 설명

주석

주석은 IDLE 안에서 빨간색으로 표시됩니다. 주석은 사람이 코드를 읽는 데 도움을 주기 위한 목적으로 작성하며 항상 해시 기호 #으로 시작합니다.

모듈

모듈은 한 장소에 유용한 함수와 데이터를 모아둔 것입니다. 때로는 필요한 기능을 모아서 직접 작성하기도 합니다. 모듈을 사용하려면 사용 전에 불러와야 하는데 이를 임포트(import)한다고 합니다. 예제에서는 나중에 사용할 수 있도록 초기에 random 모듈을 임포트합니다.

변수

변수란 데이터에 쉽게 접근할 수 있는 이름표 같은 겁니다. 이름을 부여해서 변수를 만들고 **등호 연산자(=)**를 사용해 변수에 데이터를 저장할 수 있습니다. 좀 더 좋은 프로그래머가 되려면 변수의 이름을 소문자로 작성하고 변수의 이름만 봐도 어떤 변수인지 알 수 있게 변수의 이름을 정하는 게 좋습니다. 변수가 아닌 **상수**는 이름을 모두 대문자로 사용합니다.

예제에서 총 다섯 개의 **문자열** 형식의 변수를 만들었으며 이름은 response1, response2, response3, response4와 MY_PASSWORD입니다.

눈치챘겠지만 MY_PASSWORD는 값이 변하지 않는 상수입니다.

그림 1.2 response1 변수에 문자열 저장하기

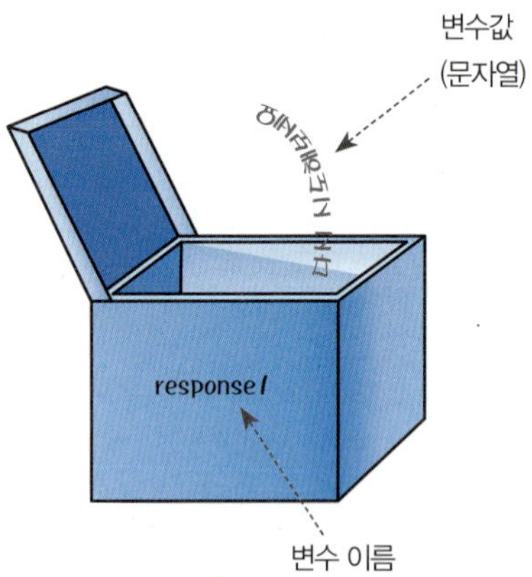

1.2 함수

함수는 반복하여 사용할 수 있는 코드 조각입니다. 파이썬에는 이미 우리가 사용할 수 있는 함수가 많이 있습니다. 또 함수를 직접 만들 수도 있습니다. 함수를 만들 때는 def 예약어를 사용합니다. 이제 플레이어가 입력한 비밀번호가 올바른지 확인하는 함수를 작성해보겠습니다.

CODE BOX 1.2

```
# 플레이어가 입력한 비밀번호가 올바른지 확인하는 함수
def is_correct(guess, password):
    if guess == password:
        guess_correct = True
    else:
        guess_correct = False
    return guess_correct
```

GuessMyPassword.py 파일에 **CODE BOX 1.2**의 코드를 추가로 입력해봅시다.

is_correct() 함수는 **인수**가 2개입니다. 첫 번째 인수 guess는 플레이어가 추측한 비밀번호이고 두 번째 인수 password는 컴퓨터의 비밀번호입니다. 이 함수는 두 개의 인수, 즉 두 개의 문자열을 비교합니다. 이 둘이 같다면, 함수는 guess_correct 변수에 True를 값으로 넘기고, 같지 않다면 False를 값으로 넘깁니다. 끝으로 함수는 guess_correct 변수의 값을 최종적으로 **반환(return)**합니다. 따라서 반환값은 True 또는 False입니다. 이렇게 변수가 오로지 True나 False만을 **값**으로 갖는 경우 이를 **부울 변수**라고 합니다.

1.3 사용자 입력

키보드에서 사용자의 입력을 받을 때는 input() 함수를 이용합니다. input() 함수는 사용자가 텍스트를 입력하고 엔터 키를 누를 때까지 기다립니다. 나중에 입력한 데이터에 접근하려면 다음처럼 이 데이터를 변수에 할당해야 합니다.

```
user_input = input()
```

input() 함수는 문자열 인수를 받아 출력할 수도 있습니다. 이때 인수는 보통 문자열을 받으며 화면에 출력하고 나서 프로그램이 사용자의 입력을 기다립니다.

```
user_input = input("텍스트를 입력하세요.")
```

다음처럼 print() 함수를 사용해서 입력받은 값을 출력할 수 있습니다.

```
print(user_input)
```

이번 장에서 만들 프로그램에서 input() 함수를 총 3번 사용할 텐데 사용 방법은 각기 다른 2가지입니다. 이제 **CODE BOX 1.3**의 코드를 *GuessMyPassword.py* 파일에 추가하고 프로그램을 마무리합니다. 이왕이면 코드를 입력하면서 각 행마다 어떤 일을 하는지 생각해봅시다.

CODE BOX 1.3

```
# 게임 시작
print("안녕.\n")
users_guess = input("추측한 내 비밀번호를 입력하세요.")

# 함수를 사용하여 입력한 비밀번호가 일치하는지 확인
true_or_false = is_correct(users_guess, MY_PASSWORD)

# 사용자가 입력한 비밀번호가 일치할 때까지 게임 실행
while true_or_false == False:
    computer_response = random.randint(1, 3)
    if computer_response == 1:
        print(response1)
    elif computer_response == 2:
        print(response2)
    else:
        print(response3)

    # 사용자에게 다시 시도할 비밀번호 입력 요청
    users_guess = input("\n다음 비밀번호는 무엇입니까?")
```

```
    # 비밀번호가 일치하는지 재확인
    true_or_false = is_correct(users_guess, MY_PASSWORD)

# 게임 종료
print(response4)
input("\n\n\n엔터 키를 눌러 종료하세요.")
```

1.3.1 CODE BOX 1.3 설명

*'1부 모두를 위한 파이썬 기초'*에서 설명했던 **while 반복**이 어떻게 동작하는지를 생각해봅시다. 잊었다 해도 괜찮습니다. 다음 코드를 보면 금방 기억날 겁니다.

```
while true_or_false == False:
```

이 코드 이후에는 4칸 들여쓰기를 한 다음에 코드를 입력합니다. 코드의 의미는 true_or_false 변수가 True 값으로 바뀔 때까지 계속 실행하라는 뜻입니다.

random.randint(1, 3)은 1부터 3까지의 수 안에서 난수를 발생시킵니다. random 라이브러리에 randint() 함수가 들어 있습니다. 라이브러리를 사용할 때 정확히 어디에서 내가 사용하고자 하는 함수를 찾을 수 있는지 알려주고자 **도트 연산자(.)**를 사용합니다.

다음 구조는 컴퓨터 언어에서 많이 사용하는 구조입니다.

```
    if: [조건이 만족할 때의 코드]
    elseif: [두 번째 조건이 만족할 때의 코드]
    else: [첫 번째와 두 번째 조건을 만족하지 않을 때의 코드]
```

elseif를 파이썬에서는 elif라고 씁니다. elif는 필요하면 이어서 계속 사용할 수 있으나 항상 if 다음에 와야 하고 elif 다음에는 else가 나와야 합니다.

NOTE **코드 다이어트**

프로그래머는 같은 작업을 하더라도 코드를 짧게 만드는 데서 즐거움을 찾는 경향이 있습니다. CODE BOX 1.2를 살펴보며 우리도 프로그래머처럼 생각해봅시다.

```
def is_correct(guess, password):
    if guess == password:
        guess_correct = True
    else:
        guess_correct = False
    return guess_correct
```

이 코드는 논리적입니다. 하지만 단순히 2개의 변수를 비교하는 **비교 연산자**를 사용해 값이 같으면 True를 반환하고 아니면 False를 반환하기 때문에 불필요한 코드가 많습니다. 따라서 CODE BOX 1.2의 전체 함수는 다음과 같이 바꿀 수 있습니다.

```
def is_correct(guess, password):
    return guess == password
```

스스로 코드를 바꿔서 넣고 정상적으로 동작하는지 확인해봅시다.

요점 정리

1장에서 배운 내용입니다.

- 변수
- if, elif와 else
- 함수
- while 반복문
- 모듈과 random 모듈의 사용
- IDLE의 스크립트 모드를 사용해서 우리의 프로그램을 작성하고 유지하기

1장은 지금까지 배운 내용을 복습한 터라 지금 바로 이 애플리케이션을 실행해볼 수 있었을 겁니다. 좀 더 연습해볼 생각이 든다면 다음 아이디어도 시도해봅시다.

IDEA 1

코드를 읽는 사람을 생각해서 모든 변수의 이름을 바꿔봅시다. 그런 다음 코드를 변경하려는 사람에게 도움이 될 수 있도록 단서를 제공합시다. (**힌트:** "주의 깊게 질문 읽기"는 좋은 단서입니다.)

IDEA 2

프로그램을 조금 수정해서 플레이어에게 "포기하시겠습니까?" 질문을 던지고 "네"를 받도록 해봅시다. 플레이어가 세 번 정도 답한 다음에 실행했으면 좋겠고 아마 response6 정도로 이름 지어 별도의 메시지로 작성해야 할 겁니다. (**힌트:** while 반복 안에 횟수를 세는 변수를 넣어보세요.) 플레이어가 "네"라고 입력해서 게임을 끝내기 전에 마지막으로 컴퓨터에 저장된 암호를 알려줍니다.

이 책의 답과 소스 코드는 http://www.codingclub.co.uk나 http://www.hanbit.co.kr/exam/2494에 있습니다. 아이디어는 다양한 방법으로 해결할 수 있으며 *CH1-Idea2.py*에 제시된 답은 하나의 예제일 뿐입니다. 제시된 예제와 여러분의 답이 다르다고 해서 틀린 것은 아닙니다.

CHAPTER 02

객체, 클래스와 팩토리

학습목표

- 클래스를 디자인하는 방법에 대해 배웁니다.
- 클래스로부터 객체를 만드는 방법에 대해 배웁니다.
- 여러분의 모듈 구축을 시작할 것입니다.
- 한 번에 매우 큰 프로그램을 설계하는 방법에 대해 배웁니다.

2장에서는 객체지향 프로그래밍(OOP, object-oriented programming)도 소개하려 하니 꽤 중요한 장입니다. OOP는 큰 프로그램을 작성할 때 복잡성을 낮출 수 있는 방법입니다. OOP의 모든 것을 배우지 않아도 됩니다. 이 책에서는 클래스와 메서드를 구축할 수 있는 기초만 설명할 예정입니다. 이 장에는 프로그램 작성 과정보다 프로그램을 어떻게 설계하는지에 대한 내용이 더 많습니다. 우리가 책을 다 끝냈을 때 각자 자신만의 방식대로 프로그램을 설계하고 만들 수 있기를 바랍니다. 보너스 장에서는 새로운 프로그램을 만드는 데 신속하게 적용할 수 있는 잘 디자인된 코드를 보여줄 겁니다.

2.1 큰 프로그램

지금 당장 자동차를 만들라고 하면 엔진을 먼저 만들어야 하는지 아니면 다른 것부터 시작해야 하는지 감이 오지 않을 겁니다. 사실 엔진은 엔진 제조 업체에 맡기면 될 겁니다. 대신 엔진 제조 업체는 엔진만 만들기 때문에 바퀴나 와이퍼, 좌석을 만들 줄 모릅니다. 마찬가지로 자동자 제조 업체가 엔진을 비롯해서 모든 부품을 만들 필요는 없습니다. 단지 부품을 조립하는 방법만 알면 됩니다. 엔진만이 아니라 와이퍼나 좌석도 각 업체에서 만든 것을 사오면 됩니다. 물론 규격은 맞아야 합니다.

프로그램을 만드는 일도 이와 비슷합니다. 이메일(전자우편) 프로그램이나 비디오 게임과 같은 복잡한 컴퓨터 프로그램은 부품이 많은 자동차와 비슷합니다. 따라서 혼자서 바로 작성하기에는 매우 어렵습니다. 이처럼 프로그램이 크다면 한 번에 모두 구축할 필요는 없습니다. 최신 비디오 게임은 종종 수백만 줄의 코드로 구성되어 있습니다. 만약에 프로그램 하나가 수백만 줄이라고 상상해보세요. 오타를 냈을 때 어떻게 찾죠? 7382129번째 줄을 찾아 가야 할까요? 장담하건데 누구나 소소한 오타 하나 정도는 낼 겁니다. 큰 프로그램을 작성할 때 코드를 작은 조각으로 나눠서 저장하면 이런 문제를 피할 수 있습니다.

이런 식으로 작업하는 방법은 여러 가지가 있습니다. 그 중에 하나가 객체로부터 프로그램을 만들어내는 OOP를 사용하는 겁니다. OOP의 좋은 점은 올바른 방법으로 객체를 만들 경우 이러한 객체를 모은 라이브러리(집합)를 만들 수 있다는 것입니다. 이렇게 모은 객체는 다른 프로그램에서 다시 재사용할 수 있습니다. 물론 함수로도 해결할 수 있겠지만, 객체와 클래스에 대해 배우는 것은 다른 사람이 작성한 더 나은 코드를 이해하는 데 도움이 될 것입니다. 대중적인 클래스로는 PyGame 라이브러리와 **tkinter** 모두 클래스를 제공합니다.

2.1.1 클래스

첫 번째로 해야 할 일은 문제를 살펴보고 좀 더 작은 작업 및 객체로 분리할 수 있는 방법을 찾는 일입니다. 일전에 객체의 라이브러리를 구축하는 방법을 배웠습니다만 이게 전부 맞는 건 아닙니다. 우리는 클래스 라이브러리를 만듭니다. 클래스는 객체를 만드는 공장(**팩토리**) 역할을 할 수 있기 때문에 객체보다 우월합니다.

복잡한 상황을 설명하는 대신 간단하게 고양이를 살펴봅시다.

고양이 클래스를 구축하는 방법에는 여러 가지가 있습니다. 이렇게 해보죠.

CODE BOX 2.1

```
class Cat:
    def speak(self):
        print("야옹!")

    def drink(self):
        print("고양이가 우유를 마십니다.")
        print("고양이가 낮잠을 잡니다.")
```

IDLE에서 새 창을 열고 **CODE BOX 2.1**의 내용을 입력합니다. 이것을 파이썬 코드 폴더에 *cat.py*로 저장합니다.

2.1.2 CODE BOX 2.1 설명

첫 번째 할 일은 `class` 예약어를 사용해 `Cat` 이름을 가진 클래스를 정의하는 일입니다. 이때 주의할 점은 클래스의 첫 글자는 대문자여야 한다는 겁니다. 콜론 뒤 다음 줄의 들여쓰기 한 코드는 클래스에 속합니다. 클래스 내부에는 메서드 2개를 정의했습니다. 메서드는 클래스에 속해 있다는 점을 빼면 함수와 매우 비슷합니다.

공장과 비슷하다고 했던 말을 기억하실 겁니다. 이제 객체를 만드는 명령을 요청하는 방법을 배울 것입니다. 예제는 고양이겠죠.

NOTE **함수와 메서드의 차이점**

메서드는 클래스 안에서 만드는 특별한 함수입니다.
프로그래머들은 메서드를 고급 OOP에서 '공장(팩토리)'의 의미로 사용하기도 합니다. 프로그래머들은 템플릿이나 설계도에 빗대어 클래스를 설명하기도 합니다. 하지만 클래스를 공장(팩토리)으로 생각하는 것이 더 쉬울 겁니다.
클래스를 공장이라 한다면 메서드가 self를 인수로 갖는 것을 이해할 수 있습니다. 메서드가 각 객체를 공장에서 만들었음을 알려주는 용도로 바로 self를 사용하는 겁니다.

2.2 모듈

cat.py 파일 같은 클래스 파일을 한 폴더에 저장하면 그게 바로 모듈입니다. 같은 폴더 안에 있는 다른 파이썬 파일도 `import` **구문**으로 간단하게 임포트해서 사용할 수 있습니다.

```
import cat
```

파이썬 라이브러리에는 사용 가능한 다른 특수 모듈이 있습니다. 우리는 이미 한 번 모듈을 사용해봤습니다.

QUICK QUIZ 2.1

예전에 사용한 모듈을 기억합니까?

2.3 main.py

지금까지 Cat 클래스로는 아무것도 할 수가 없습니다. 클래스를 실행해보려고 해도 아무일도 일어나지 않을 겁니다.

IDLE에서 새 창을 열고 **CODE BOX 2.2**를 입력합니다. 그런 다음 새 파일을 *main.py*로 저장합니다. 프로그램에서 Cat 클래스에 접근하려면 코드의 첫 부분에 *cat.py* 파일을 임포트(import)해야 합니다. 지금 만든 파일은 실행을 시작해야 할 위치를 나타내기에 *main.py*라는 이름을 붙인 겁니다.

CODE BOX 2.2

```
import cat

# 로미오라는 이름의 cat 인스턴스 생성
romeo = cat.Cat()

# 로미오 실행
romeo.speak()
romeo.drink()
```

2.3.1 CODE BOX 2.2 설명

```
romeo = cat.Cat()
```

이것은 cat 공장으로부터 객체를 생성하는 것입니다. 프로그래머들은 "Cat 클래스의 **인스턴스**를 만들었다"라고 말합니다. 또는 cat 객체를 **인스턴스화**했다고 말하기도 합니다. romeo는 객체이며 Cat 클래스(클래스는 대문자로 시작합니다)로부터 생성됩니다. Cat 클래스는 *cat.py* 파일에 있으며 *main.py* 파일에서 도트 연산자(.)를 사용하여 호출합니다. 도트 연산자(.)는 클래스가 위치한 곳과 연결하기 위해 사용하며 다음처럼 풀이할 수 있습니다.

'*cat.py* 파일에서 cat 팩토리를 사용하여 romeo 객체를 생성합니다.'

우린 한 줄의 코드로 romeo라는 이름의 고양이를 얻었습니다.

Cat 클래스 팩토리로부터 생성한 romeo 객체는 Cat 클래스의 모든 메서드를 가지고 있습니다. 다른 메서드에 접근하기 위해서는 도트 연산자(.)를 다시 사용하여 호출합니다.

```
romeo.speak()  # romeo가 말하는 메서드를 호출합니다.
romeo.drink()  # romeo가 우유를 마시고 낮잠을 자는 메서드를 호출합니다.
```

romeo를 아직 실행해보지 않았다면 지금 실행해봅시다. 그냥 *main.py* 파일을 저장하고 실행하면 됩니다. 단, *main.py* 파일은 *cat.py* 파일과 같은 폴더에 있어야 합니다.

2.4 Cat 클래스 개선

주의: 지금부터 다루는 내용은 대부분 스스로 해야 합니다.

함수를 호출할 때 인수는 다음과 같이 괄호로 감싸 전달합니다.

```
times_tables(12, 12)
```

이 함수는 1부에서 다룬 내용인데 12번에 걸쳐 12까지 곱한 결과 테이블을 출력할 겁니다. 객체로도 이걸 수행할 수 있는데 예를 들어 이름을 제공할 수 있습니다.

```
romeo = cat.Cat("Romeo")
```

이렇게 사용하려면 우리가 만든 Cat 클래스를 재작성해야 합니다. 함수는 이런 방식으로 동작하지 않습니다. 따라서 생성자라는 특별한 메서드를 사용해야 합니다.

생성자는 특별한 코드 조각을 가지고 있는데, 이제부터 자주 보게 될 겁니다. 처음에는 약간 이상하게 보이겠지만, 언제나 같은 방식으로 사용하니 곧 익숙해질 겁니다.

```
def __init__(self, name):
```

메서드는 클래스로부터 만들어진 객체 자신에 접근하기 위해 self 인수를 항상 가지고 있어야 합니다. 그리고 그 다음에 생성자에 넘겨줄 다른 인수를 인수로 나열해야 합니다. 여기서는 필요한 다른 인수가 바로 name이겠죠.

`init` 메서드를 정의할 때 앞뒤로 2개의 밑줄을 쓰는 것에 대해 헷갈릴 수 있습니다. 메서드를 선언할 때는 `def` 예약어 다음에 메서드 이름을 적고 그 뒤에는 콜론(:)을 사용합니다.

이어서 봅시다. 특별 메서드인 생성자 메서드를 호출할 때 name 인수로부터 `self.name` 변수를 생성합니다(클래스로부터 생성된 객체 자신을 사용할 수 있습니다). 그렇다면 이제 우리는 메서드에서 `self.name`이라고 하는 새로운 변수를 사용할 수 있을 겁니다.

단순히 클래스만이 아니라 모든 변수의 이름 앞에 `self.`를 추가하고 객체에서 사용합니다.

NOTE

클래스를 만들 때 우리가 만들어낸 객체에서 사용하게 될 메서드를 작성합니다. 예를 들어, 21개의 당구공으로 즐기는 스누커 게임에서 여러 개의 공은 서로 다른 위치에 있을 수 있으며 같은 클래스에서 만들어진 공 객체는 find_location() 메서드에서 객체 자신을 참조할 수 있어야 하며 self 인수를 전달한 이유는 객체 자신을 참조할 수 있도록 하기 위해서 입니다. 이렇게 하는 것이 영리한 방법입니다.
프로그램 객체는 사실 메서드가 클래스 코드를 참조하지만 각 객체는 자신의 데이터를 유지합니다. 이것은 각 객체에 독립적으로 메서드가 내장되어 있는 것과 같으며 같은 공장으로부터 만들어진 다른 객체와 독립적으로 행동합니다. 이것이 객체를 만들 때 바라는 것이며 self 인수 하나로 모든 것이 해결됩니다.

IDLE에서 새 창을 열고 **CODE BOX 2.3**을 입력합시다. 그리고 *cat2.py*로 저장합니다. **CODE BOX 2.1**을 저장했던 *cat.py*와 이 파일을 비교하면 생성자에서 생성한 새로운 변수인 `self.name` 변수를 어떻게 사용하는지 알 수 있습니다.

이것으로 생성자 코드는 완료하였으며 모든 메서드에서 새로운 변수를 사용할 수 있습니다. 그 전에, 이 클래스는 아무것도 실행하지 않습니다. 클래스는 그냥 공장일 뿐이지만 공장이 얼마나 유용한지는 알 수 있습니다.

CODE BOX 2.3

```
class Cat:
    # 생성자
    def __init__(self, name):
        self.name = name

    def speak(self):
        print(self.name, "가 야옹합니다.")

    def drink(self):
        print(self.name, "가 우유를 마셔요.")
        print(self.name, "가 낮잠을 잡니다.")
```

2.5 main.py 개선

이번에는 프로그램을 개선해봅시다. 고양이를 2마리 만들어 함께 놀아주도록 만들겠습니다. 이번에 볼 코드는 별다른 설명 없이도 쉽게 이해할 수 있을 겁니다. IDLE에서 새 창을 열고 **CODE BOX 2.4**의 내용을 입력하고 *main2.py*로 저장합니다.

CODE BOX 2.4

```
import cat2

# 2개의 cat 인스턴스 생성
romeo = cat2.Cat("Romeo")
juliet = cat2.Cat("Juliet")

# 로미오와 놀아줍니다.
romeo.speak()
romeo.drink()

# 줄리엣과 놀아줍니다.
juliet.speak()
juliet.drink()
```

파일 수정 후 로미오와 줄리엣을 움직여 봅시다. 제대로 동작하면 다음으로 넘어가 코드를 수정해봅시다.

2.6 클래스 설계

이제, 지금까지 우리가 배운 것을 이용한 또 다른 간단한 예제를 소개할 겁니다.

그러고 나면 클래스를 설계하는 방법을 배울 수 있을 겁니다. 미리 조금 알려주자면 `lift`를 구축하고 `lift` 연산자를 만들 겁니다.

다음은 `Lift` 클래스를 만드는 방법 중의 하나입니다. `Lift` 클래스에는 속성이 여러 가지 있는데 몇몇은 프로그램 측면에서 반드시 필요한 속성입니다.

`lift`의 유일하고도 필수적인 기능은 원하는 층에 서는 것으로 이 '필수적인 기능'을 특성 또는 속성이라고 부르겠습니다. 프로그래밍에서 이들을 **속성**(또는 **매개변수**)이라고 부르며 생성자 메서드에서 **초기화**합니다.

클래스 설계 시트 2.1 lift 클래스

클래스 이름

Lift

속성

current floor

메서드

get floor

move to floor

필요하다면 리프트의 승객 수와 속도도 조절할 수 있겠지만, 우리는 좀 더 간단한 리프트를 만들려 합니다. Lift 클래스를 계획하기 위해 클래스 설계 시트를 사용해봅시다. 책 끝 부분에 따로 설계 시트를 적어놨으니 이를 활용해봅시다. 빈 부분에 출력하려는 내용을 적습니다. 이렇게 가상으로 우리의 클래스를 구축할 수 있습니다.

2개의 메서드가 핵심인데, lift가 어느 층에 있는지를 찾는 것과 또 다른 하나는 새로운 층으로 lift가 이동하는 걸 찾는 겁니다. 이제 그걸 어떻게 코드로 구현할 수 있는지 보겠습니다.

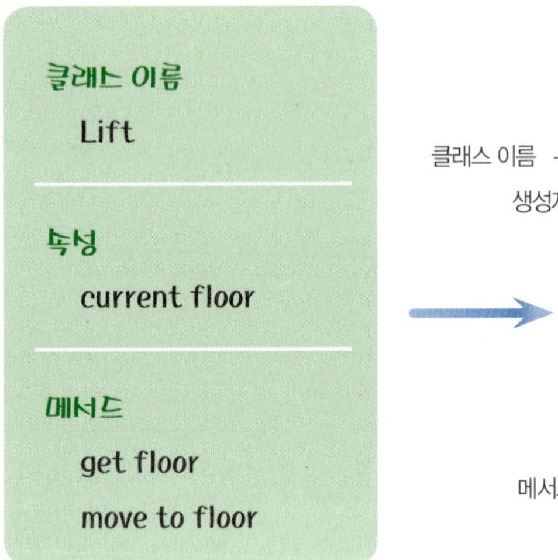

CODE BOX 2.5

```
# Lift 클래스가 있는 lift.py

class Lift:
    # 생성자
    def __init__(self, current_floor = 0):
        self.current_floor = current_floor

    def get_floor(self):
        return self.current_floor

    def move_to_floor(self, floor_number):
        self.current_floor = floor_number
```

2.6.1 CODE BOX 2.5 설명

current_floor 속성에 설정된 **기본값**은 0입니다. 이건 생성자 메서드에서 볼 수 있습니다. 새로운 lift 객체를 생성할 때 클래스에 current_floor 인수를 전달하지 않으면, 새로운 lift의 층은 0부터 시작합니다(일전에도 소개했지만 영국에서는 0층부터 층을 세기때문에 우리가 말하는 1층이 0층입니다).

첫 번째 메서드에서는 return 예약어를 사용했습니다. 이것은 lift 운영 프로그램에서 메서드를 호출할 경우 self.current_floor 변수에 저장된 값을 반환하는 것을 의미합니다.

2.7 lift 연산자

*lift_operator.py*에는 쉬운 코드와 사용해볼 수 있는 Lift 클래스가 있습니다. **CODE BOX 2.6**을 입력한 다음 *lift_operator.py*로 저장하고 실행해봅시다. 물론 이 책의 웹사이트에서 내려받을 수도 있습니다만, 직접 입력하는 쪽을 권합니다.

CODE BOX 2.6

```
# lift_operator.py

import lift

# lift 객체 생성
my_lift = lift.Lift()

# lift가 위치한 층 찾기
floor = my_lift.get_floor()
print("The lift is on floor", floor)

# 새로운 층으로 lift 이동
my_lift.move_to_floor(5)

# 현재 lift가 위치한 층 찾기
floor = my_lift.get_floor()
print("lift가 새로운 층으로 이동했습니다", floor)
```

EXPERIMENT

my_lift를 만들 때 current_variable 속성을 포함하지 않아도 0층부터 시작합니다. 코드를 my_lift = lift.Lift(3)으로 변경하고 다시 실행해봅시다. 어떻게 바뀌나요?

요점 정리

2장에서 배운 내용입니다.

- 클래스, 객체에 대해 알아보고 이를 설계하는 방법
- 우리만의 모듈을 구축하는 방법
- 객체 기반 프로그래밍(object-oriented programming, OOP)의 기초
- self가 필요한 이유와 하는 일

우리는 이 장에서 매우 중요한 내용을 다뤘습니다.

좀 더 연습해볼 생각이라면 다음 도전 과제를 살펴봅시다. 하지만, 그 전에 *cat2.py*와 *main2.py* 파일을 작성해놓길 바랍니다.

CHALLENGE

Pet 클래스를 만들고 pet.py 파일에 저장합니다.
pet_owner.py라는 프로그램을 만들고 Pet 클래스로부터 일부 pet 인스턴스를 만듭니다. 집에서 키우고 있거나 친근하게 느껴지는 애완동물을 선택할 수 있습니다. 또는 타란툴라나 피라냐를 선호할 수도 있습니다. 무엇을 택하든 애완동물이 할 수 있는 일이 무엇인지 고민한 다음 프로그래밍해봅시다. 피라냐에게 말을 걸거나 타란툴라를 데리고 산책할 수는 없으니까요!

CHAPTER

03

보너스 장 : 2개의 다른 게임

학습목표

- 공이 오른쪽이나 왼쪽 벽에 충돌하면 멈추기
- 게임의 아이템을 저장하기 위해 유용한 리스트와 리스트를 유지하고 참조하는 방법에 대해 알아봅니다.
- 반복문을 한 번 사용해서 많은 벽돌을 추가하는 방법에 대해 알아봅니다.
- Ball, Bat와 Table 클래스를 유연하게 하는 방법을 알아봅니다.
- 2개의 새로운 게임을 조금 더 세련된 방법으로 사용자 정의하는 방법을 알아보며 책을 마무리합니다.

3장에서 드디어 클래스 구축의 장점을 알 수 있습니다.
3장에서는 벽돌깨기(MyBreakout) 게임과 인베이더(MyInvaders) 게임을 구축할 텐데
main.py 파일을 제외하고 어떤 파일도 변경하지 않을 겁니다. 웹사이트에서 작업할 파일을 내려받아서 시작해봅시다.
이 책을 집필하면서 각 부마다 보너스 프로젝트를 적어도 하나는 제공하려고 노력했습니다. 보너스 프로젝트에는 설명 없이
코드만 제공됩니다. 이렇게 코드만 있을 때 이 코드의 의도를 읽는 건 프로그래머에게 굉장히 중요한 능력입니다.
코드의 전부를 이해하기에는 아직 어렵겠지만, 코드를 보고 읽으려고 시도하는 것만으로도 많은 걸 배울 수 있을 겁니다. 자, 시도하세요.

3.1 벽돌깨기 게임

첫 번째 벽돌깨기 게임의 목표는 공(**그림 3.1**)으로 벽돌더미를 무너뜨리는 매우 간단한 게임입니다. 플레이어는 배트로 공을 다시 쳐낼 수 있으며, 공이 배트가 없는 공간(윈도우 하단)으로 떨어지면 게임이 끝납니다. 이 게임을 MyBreakout이라고 합시다.

그림 3.1 벽돌깨기 게임 화면

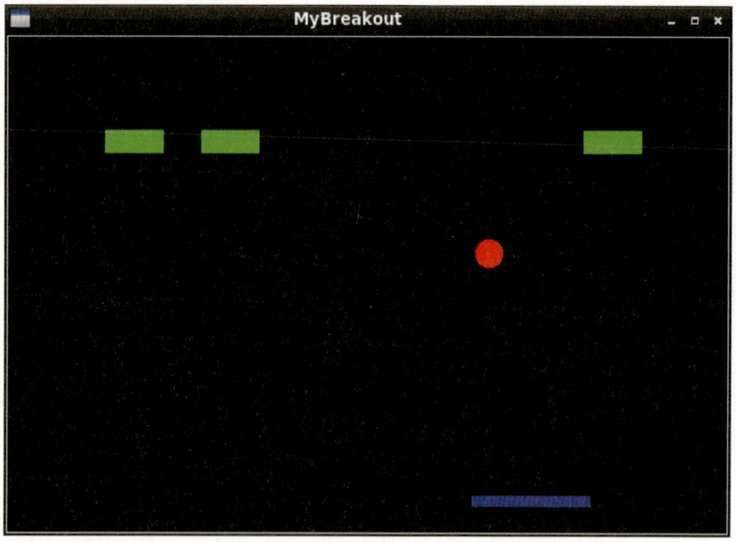

게임을 만들어봅시다. Bat 공장에서 배트를 주문해서 화면의 하단에 배트를 둡시다. 우리는 Ball 공장으로부터 공을 주문합니다. 이 모든 것은 Table 공장에서 주문한 table에 위치합니다.

부술 상단의 벽돌은 단순히 Bat 공장으로부터 주문하면 됩니다. 이 벽돌은 고정되어 있으니 제어를 추가할 필요가 없습니다. 대신 공과의 충돌을 감지한 후 벽돌을 파괴해야 합니다. 이 코드는 어렵지 않으며 **CODE BOX 3.1**에서 찾을 수 있습니다.

CODE BOX 3.1 BAT.PY

```
from tkinter import *
import table, ball, bat, random

window = Tk()
window.title("MyBreakout")
my_table = table.Table(window)

# 전역변수 초기화
x_velocity = 4
y_velocity = 10
first_serve = True

# Ball 클래스로부터 공을 주문합니다.
my_ball = ball.Ball(table = my_table, x_speed = x_velocity, y_speed = y_velocity,
                    width = 24, height = 24, colour = "red", x_start = 288, y_start = 188)

# Bat 클래스로부터 배트를 주문합니다.
bat_B = bat.Bat(table = my_table, width = 100, height = 10, x_posn = 250, y_posn = 370,
                colour = "blue")

# Bat 클래스로부터 배트를 주문하지만 벽돌을 만드는 것은 아닙니다.
bricks = []
b = 1

while b < 7:
    i = 80
    bricks.append(bat.Bat(table = my_table, width = 50, height = 20, x_posn = (b * i),
                          y_posn = 75, colour = "green"))
    b = b + 1

#### 함수
def game_flow():
    global first_serve
    # 첫번째 서브를 기다립니다.
    if (first_serve == True):
        my_ball.stop_ball()
        first_serve = False
```

```
    # 배트에 공이 충돌하는지 감지
    bat_B.detect_collision(my_ball, sides_sweet_spot = False, topnbottom_sweet_spot = True)

    # 벽돌과 공이 충돌하는지 감지
    for b in bricks:
        if (b.detect_collision(my_ball, sides_sweet_spot = False) != None):
            my_table.remove_item(b.rectangle)
            bricks.remove(b)
        if (len(bricks) == 0):
            my_ball.stop_ball()
            my_ball.start_position()
            my_table.draw_score("", " YOU WIN!")

    # 아래쪽 벽에 공이 충돌하는지 감지
    if (my_ball.y_posn >= my_table.height - my_ball.height):
        my_ball.stop_ball()
        my_ball.start_position()
        first_serve = True
        my_table.draw_score("", " WHOOPS!")

    my_ball.move_next()
    window.after(50, game_flow)

def restart_game(master):
    my_ball.start_ball(x_speed = x_velocity, y_speed = y_velocity)
    my_table.draw_score("", "")

# 배트를 제어할 수 있도록 키보드의 키와 연결
window.bind("<Left>", bat_B.move_left)
window.bind("<Right>", bat_B.move_right)

# 스페이스 바를 게임 재시작 기능과 연결
window.bind("<space>", restart_game)

game_flow()
window.mainloop()
```

3.2 인베이더 게임

두 번째 인베이더 게임은 좀 더 복잡한데 지구에 착륙하려는 외계인의 침공을 물리치는 게임입니다(그림 3.2). 탱크는 수직으로 미사일을 발사해서 하늘에서 내려오는 외계인의 우주선 함대를 저격합니다. 조금 아쉽지만, 우리는 아직 그림을 그릴 정도의 능력은 없으니 탱크는 배트로, 미사일은 타원형의 공으로 표현합시다. 외계인의 우주선 함대는 다수의 배트 인스턴스이며 이전 게임과의 차이는 이번엔 다수의 배트가 움직인다는 겁니다. 이 게임을 MyInvaders라 부르겠습니다.

그림 3.2 인베이더 게임

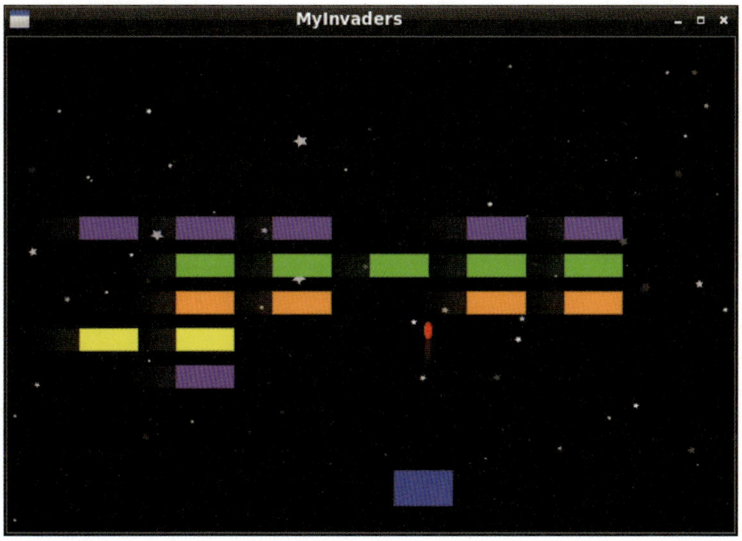

주의해야 할 점은 탱크에서 미사일을 쏜 다음에 다음 미사일은 보이지 않아야 합니다. 이번 게임이 벽돌깨기 게임보다 더 복잡하지만 우리가 지금까지 구축한 클래스의 모든 이점을 활용할 수 있습니다. 게임의 모든 부분을 아예 변경하지는 않습니다.

게임에 대해 충분히 알았으면 게임을 시작합니다. 그런 다음 코드를 살펴보면서 즐겁게 해킹하시기 바랍니다. 전체 소스 코드는 CODE BOX 3.2에서 볼 수 있습니다.

CODE BOX 3.2

```
from tkinter import *
import table, ball, bat, random

window = Tk()
window.title("MyInvaders")
my_table = table.Table(window)

# 배경 이미지 추가
starry_night_image = PhotoImage(file = "stars.gif")
my_table.canvas.create_image(0, 0, anchor = NW, image = starry_night_image,
                             tags = "bg_img")

# 이미지 스택의 맨 아래로 이미지 이동(득점 시스템은 배경 이미지 위에서 볼 수 있습니다)
# "bg_img"로 태깅된 캔버스 객체를 lower() 메서드를 사용해 뒤로 이동시킵니다.
my_table.canvas.lower("bg_img")

# 전역변수 초기화
x_velocity = 0
y_velocity = -10
first_serve = True
direction = "right"

# Ball 클래스로부터 미사일을 주문합니다.
my_ball = ball.Ball(table = my_table, x_speed = x_velocity, y_speed = y_velocity,
                    height = 15, width = 8, colour = "black")

# Bat 클래스로부터 수비수(탱크)를 주문합니다.
bat_B = bat.Bat(table = my_table, width = 50, height = 30, x_posn = 250, y_posn = 350,
                colour = "blue")

# Bat 클래스로부터 우주선을 주문하고 우주선들의 이동을 시작합니다.
invaders = []
rows = 0
gap = 30
colour = ("green", "orange", "yellow", "purple")
while rows < 5:
    n = 1
```

```
    while n < 7:
        i = 80
        invader = bat.Bat(table = my_table, width = 50, height = 20, x_speed = 3,
                          y_speed = 15, x_posn = (n * i), y_posn = 25 + (rows * gap),
                          colour = colour[(rows - 1) % 4])
        invaders.append(invader)
        n = n + 1
    rows = rows + 1

#### 함수
def game_flow():
    global first_serve
    global direction
    game_over = False
    # 첫번째 서브를 기다립니다.
    if (first_serve == True):
        my_ball.stop_ball()
        first_serve = False

    # 미사일이 우주선에 맞았는지 감지합니다.
    for b in invaders:
        if (b.detect_collision(my_ball, sides_sweet_spot = False) != None):
            my_table.remove_item(b.rectangle)
            invaders.remove(b)
            hide_missile()

        if (len(invaders) == 0):
            my_table.remove_item(my_ball.circle)
            my_table.canvas.itemconfigure(my_table.scoreboard, text = "YOU WIN")

    # 미사일이 상단 벽에 맞았는지 감지합니다.
    if (my_ball.y_posn <= 3):
        hide_missile()
        first_serve = True

    my_ball.move_next()
```

```
    # 우주선들의 이동을 처리합니다.
    directionChange = False;
    for b in invaders:
        directionChange = directionChange or move_brick_next(b, direction)
        game_over = detect_game_over(b, bat_B.y_posn)
    if (game_over):
        my_ball.stop_ball()

        for b in invaders:
            b.x_speed = 0
            b.y_speed = 0

        my_table.canvas.itemconfigure(my_table.scoreboard, text = "GAME OVER")
    if (directionChange):
        for b in invaders:
            b.move_down(b)
        if (direction == "right"):
            direction = "left"
        else:
            direction = "right"
    window.after(50, game_flow)

def restart_game(master):
    first_serve = False
    my_ball.start_ball(0,0)
    my_ball.x_speed = x_velocity
    my_ball.y_speed = y_velocity
    my_table.change_item_colour(my_ball.circle, "red")
    my_ball.x_posn = (bat_B.x_posn + bat_B.width / 2)
    my_ball.y_posn = bat_B.y_posn

# 우주선이 왼쪽이나 오른쪽, 아래로 이동하고 있는지 확인합니다.
# 방향을 변경해야 하는 경우 true를 반환합니다.
def move_brick_next(brick, direction):
    if (direction == "left"):
        brick.move_left(brick)
```

```
        # 벽돌이 왼쪽 벽에 도달했는지 감지
        if (brick.x_posn < 10):
            return True
        else:
            return False
    else:
        brick.move_right(brick)

        # 벽돌이 오른쪽 벽에 도달했는지 감지
        if ((brick.x_posn + brick.width) > my_table.width - 10):
            return True
        else:
            return False

# 우주선이 아래쪽 벽에 도달했는지 감지
def detect_game_over(invader, bottom):
    if ((invader.y_posn + invader.height) > bottom):
        return True
    else:
        return False

# 미사일 감춤
def hide_missile():
    my_ball.stop_ball()
    my_ball.x_posn = 0
    my_ball.y_posn = my_table.height - my_ball.height
    my_table.change_item_colour(my_ball.circle, "black")

# 배트를 제어할 수 있도록 키보드의 키와 연결
window.bind("<Left>", bat_B.move_left)
window.bind("<Right>", bat_B.move_right)

# 스페이스 바를 게임 재시작 기능과 연결
window.bind("<space>", restart_game)

game_flow()
window.mainloop()
```

요점 정리

3장에서 배운 내용입니다.

- 게임의 아이템을 저장하고 참조하기 위한 유용한 리스트를 살펴봤습니다.
- 반복문을 한 번 사용하여 벽돌을 여러 개 추가하는 방법에 대해 살펴봤습니다.
- 여러분의 Ball, Bat, Table 클래스가 얼마나 유연한지 살펴봤습니다.
- 2개의 새로운 게임을 만들어보았습니다.

보너스 장까지 끝냈지만 새로운 프로젝트에 사용할 수 있는 몇 가지 아이디어를 드리겠습니다.

IDEA 1

벽돌깨기에 벽돌을 더 많이 추가해봅시다.

IDEA 2

벽돌깨기 게임에서 배트가 공을 치는 방법을 다른 방법으로 구성해봅시다.

IDEA 3

벽돌깨기 게임에서 배트가 위 아래로 움직이는 기능도 넣어봅시다.

IDEA 4

벽돌깨기 게임에서 벽돌이 공격하거나 인베이더 게임에서 외계인 우주선이 공격하도록 해봅시다.

IDEA 5

인베이더 게임에서 시간이 지나면 점점 외계인 우주선이 빠르게 움직이도록 해봅시다.

IDEA 6

인베이더 게임에서 미사일을 여러 개 쏠 수 있게 해봅시다. 제공된 게임은 미사일이 우주선에 맞아 사라진 다음에만 새 공을 발사할 수 있습니다. 어렵지 않습니다.

IDEA 7

두 게임 중 하나에 'number of lives'를 추가해서 득점 시스템을 만들거나 다음 레벨로 넘어가게 해봅시다.

IDEA 8

공과 배트가 필요한 다른 게임은 없는지 생각해 봅시다. 바람과 중력을 포함한 깡통차기 게임같이 규칙을 만들어 게임 하나를 새로 만들어 봅시다.

CHAPTER

04

3부 요점 정리

4.1 더 들여다보기

드디어 책이 끝났습니다. 부록까지 다 읽기를 바랍니다. 책은 끝났지만, 우리의 프로그래밍은 이제 시작입니다. 지금까지 배운 내용을 토대로 우리는 파이썬 프로그램을 만들 수 있습니다. 혹은 다른 언어에 관심이 생겼을 수도 있을 겁니다. 새로운 언어를 배운다면 반복문이나 클래스 등은 다시 조금 더 공부해야 할 겁니다. 특히 PHP나 자바, C를 배운다면 아마 파이썬과 많이 비슷할 겁니다. 또 파이썬의 광대한 라이브러리(모듈)와 도구를 살펴볼 수도 있습니다. 여러 분야에서 사용할 수 있는 유용한 라이브러리가 많습니다.

4.1.1 파이썬 정보

다음은 영어 사이트라서 어려울 수 있으나 도움이 되리라 확신합니다.

코딩 클럽 사이트

- http://www.codingclub.co.uk

PyGame 웹사이트

- http://www.pygame.org

게임 구현 클래스를 광범위하게 제공하는 라이브러리입니다.

PiFace 웹사이트

- http://pi.cs.man.ac.uk

혹시 라즈베리 파이가 있다면 이런 걸 다루는 걸 피지컬 컴퓨팅이라고 하는데, 아마 흥미로울 겁니다. 맨체스터 대학의 PiFace는 라즈베리 파이를 활용하는 데 도움이 될 겁니다.

4.1.2 그 외 정보

아두이노

- http://www.arduino.cc

라즈베리 파이뿐 아니라 아두이노도 있습니다. 주 언어는 C를 사용하지만, 이 책에서 다룬 파이썬 코드보다 덜 복잡한 부분도 있습니다. 아마 관심을 갖고 시도한다면 아두이노를 배우는 데 오래 걸리지 않을 겁니다.

GameMaker

- http://www.yoyogames.com/

마우스로 드래그앤드롭만 해서 게임을 만들 수 있는 놀라운 도구입니다. 약간의 제약이 있지만 코드를 짜거나 다른 사람 것을 내려받아 볼 수도 있습니다. 아마 코드를 읽거나 설계하는 데 꽤 도움이 되리라 생각합니다.

Greenfoot

- http://www.greenfoot.org/

OOP 방식의 코드를 작성하는 것을 정말로 좋아한다면, Greenfoot를 사용하여 자바를 배우는 방법도 있습니다. 훌륭한 비디오 자습서를 포함하여 이 사이트에는 리소스가 많이 있습니다.

4.1.3 이 책의 웹사이트

이 책은 Cambridge University Press의 〈Coding Club〉 시리즈의 1~3권을 합본한 도서입니다. 원서 웹사이트에서 코드를 내려받으려면 해당 부를 확인한 다음 내려받으세요. 각 장의 끝부분에 있는 PUZZLE, Challenge와 IDEA의 많은 부분에 대한 전체 소스 코드는 http://www.codingclub.co.uk에서 볼 수 있습니다.

http://www.hanbit.co.kr/exam/2494에는 한글화된 예제 소스가 있습니다.

4.2 유용한 코드 샘플

while 반복

```
while my_test == True:
    # 코드는 여기에 적습니다.
```

for 반복

```
for i in my_list:
    print(i)
```

비교 함수

```
def is_same(guess, password):
    return guess == password
    # True 또는 False로 검사 결과를 반환합니다.
```

tkinter 윈도우 템플릿

```
from tkinter import *

# tkinter 공장으로부터 윈도우를 주문합니다.
window = Tk()
window.title("My Application")

# 다른 코드는 여기에 들어옵니다. #

# 애니메이션 반복문을 시작합니다.
window.mainloop()
```

클래스 예제

```
# cat.py 파일의 코드를 불러옵니다.
class Cat:
    # 생성자 :
    def __init__(self, name):
        self.name = name

    # 다른 메서드
    def speak(self):
        print(self.name, "가 야옹합니다.")

    def drink(self):
        print(self.name, "가 우유를 마셔요.")
```

초기화 예제

```
import cat
romeo = cat.Cat("Romeo")
```

4.3 클래스 설계 템플릿

클래스 이름

속성

메서드

APPENDIX A

퀴즈 정답

A.1 1부 퀴즈 정답

QUICK QUIZ 1.1

제대로 작성한 코드는 몇 번입니까? 답 : 2

1 `Print("Hello world!")`
2 `print("Hello world!")`
3 `print(Hello world!)`
4 `print "Hello world!"`

QUICK QUIZ 2.1

다음 코드의 출력 결과는 무엇입니까? 실행해보기 전에 먼저 생각해봅시다.

```
>>> print("11을 4로 나누면? ", 11//4, " 나머지는? ", 11%4)
```

답 : 11을 4로 나누면? 2 나머지는? 3

QUICK QUIZ 4.1

어느 쪽이 우리가 원하는 결과입니까? 답 : 1

1 `print(n, " x ", num, " = ", n*num)`
2 `print(num, " x ", n, " = ", num*n)`
3 `print(n, " * ", num, " = " n*num)`

A.2 2부 퀴즈 정답

QUICK QUIZ 1.1

각 항목에 자료형을 리스트와 튜플 중에서 선택해봅시다.

1 7개의 문자열 타입의 요일 이름(예, "월")을 저장하고 애플리케이션에서 사용하기 위한 저장소 답 : 튜플

2 코딩 클럽의 모든 회원의 전체 이름을 저장하고 애플리케이션에서 클럽 회원이 존재하는지 확인하기 위한 저장소 답 : 리스트

3 10개의 숫자(0, 1, 2, 3, 4, 5, 6, 7, 8 그리고 9)를 저장하고 계산기 앱에서 키로 사용하기 위한 저장소 답 : 튜플

QUICK QUIZ 1.2

다음에서 말하는 내용에 적합한 자료형을 튜플, 리스트, 사전 중에서 선택해봅시다.

1 클럽 100m 자유형 기록의 개인 기록을 저장할 자료형 (철수: 65.34초, 영희: 68.04초, 그 외) 답 : 사전

2 한 해의 월을 저장할 컨테이너 답 : 튜플

3 2012년 영국의 비가 온 월을 저장하기 위한 컨테이너 답 : 사전

4 현재 체스 클럽에 참여한 학생의 이름을 저장하기 위한 컨테이너 답 : 리스트

QUICK QUIZ 3.1

고의적인 실수는 무엇입니까?
(테스트와 디버깅 섹션에서 더 자세히 살펴볼 것입니다.)

답 : 계산기의 `click()` 함수가 처음 호출되는 것은 버튼을 누를 때라기보다는 버튼을 생성할 때입니다. 문제는 그렇다면 버튼에 함수를 지정할 때 괄호를 지정하지 않고 어떻게 인수를 제공해야 할까요?

QUICK QUIZ 3.2

위의 출력에 대해 어떤 것을 알 수 있습니까? 답 : 3

1 임의의 숫자와 기호입니까?

2 숫자 및 기호는 num_pad_list의 역순입니다.

3 숫자 및 기호는 num_pad_list와 같은 순서입니다.

QUICK QUIZ 4.1

프로그래밍에서 인수는 무엇입니까? 답 : 2

1 사전의 키로 사용하는 단어
2 함수에 전달하는 값
3 튜플에 존재하는 값

QUICK QUIZ 5.1

어떤 일이 일어날까요? 답 : 3

1 정답이 올바르게 계산됩니다.
2 오류 메시지가 나올 것입니다.
3 display 엔트리 위젯의 내용이 지워지고 버튼의 이름이 나타날 것입니다.
4 버튼의 이름이 display 엔트리 위젯 끝에 추가됩니다.

QUICK QUIZ 6.1

잘못된 것은 무엇입니까? 답 : 4

1 코드는 작동하지만 잘못된 답변을 만들어내고 있습니다.
2 `for` 반복이 종료되지 않습니다.
3 알고리즘에 오류가 있습니다.
4 계산기 스크립트는 함수에 정수가 아닌 문자열을 전달합니다.

QUICK QUIZ 6.2

자료형을 다른 데이터로 변환하는 걸 프로그램에서는 뭐라고 하는지 프로그래머의 언어로 말해봅시다. 답 : 1

1 형변환 2 스로잉 3 캐칭

A.3 3부 퀴즈 정답

QUICK QUIZ 2.1

예전에 사용한 모듈을 기억합니까?

답 : random 모듈은 1장의 프로그램에서 임포트한 것입니다.

APPENDIX

B

용어 정리

for 반복	for loop	컨테이너 자료형을 사용하며 반복하는 유용한 반복문의 한 종류
GUI	GUI	그래픽 사용자 인터페이스를 의미합니다. 버튼과 엔트리 위젯, 윈도우는 그래픽 사용자 인터페이스의 한 예제입니다.
IDE		통합개발환경(Integrated Development Environment)을 의미합니다. IDLE이 그중의 하나입니다. 특별한 문장 편집기로서 프로그래머에게 유용한 내장형 도구입니다.
IDLE		Integrated DeveLopment Environment라는 뜻으로, IDE의 일종이며 파이썬3에 기본으로 설치되어 있습니다.
tkinter		파이썬 프로그램에서 클래스의 패키지를 임포트하며 윈도우와 이미지 드로잉과 애니메이션을 만들어 내는 데 사용되는 유용한 메서드를 제공합니다.
while 반복	while loop	비교 문장이 True 값을 반환하는 동안 반복하는 반복문의 종류
2진수	binary number	2진법으로 나타낸 숫자
값	value	컨테이너 자료형의 요소처럼 변수에 저장될 수 있는 모든 것
객체지향 프로그래밍	OOP	행동과 논리에 초점을 맞추기보다 클래스로부터 객체를 구축하여 사용하는 것을 오히려 강조하는 프로그래밍 방법입니다.
공장	factory	이 책에서 공장은 클래스를 묘사하기 위한 용도로 쓰였습니다(고급 객체지향 프로그래밍에서는 다른 의미를 가집니다).
기본값	default	시작 시점에서 주어지는 변수 또는 인수 값
나머지	modulus	나눗셈 계산에서 나머지를 반환하는 데 사용되는 산술 연산자. 예를 들면 22%7은 1을 반환
논리 연산자	logical operator	비교 연산자를 보세요.
대화형 모드	interactive mode	IDLE(Python IDE–통합개발환경)을 벗어나 코드를 저장하지 않고 테스트하고자 할 때 사용합니다.
도트 연산자	dot operator	도트(점)는 해당 클래스 또는 모듈 등에서 메서드나 함수를 링크하기 위해 코딩에서 사용합니다. math.random(1, 6)에서 점은 random 함수를 math 모듈에서 찾을 수 있다는 걸 나타냅니다.
등호 연산자	equals operator	같음을 나타내는 기호는 코딩할 때 변수에 값을 집어넣는 용도로 사용됩니다. 예를 들면 n=2는 변수 n에 2라는 값을 넣으라는 뜻입니다.
디버깅	debugging	프로그램의 버그를 찾는 과정
리스트	list	모든 유형의 값을 요소로 추가하거나 삭제할 수 있으며 정렬된 컨테이너 자료형입니다. 튜플과 유사하게 인덱스 값은 0부터 시작합니다.
리팩토링	refactoring	반복 횟수를 줄이도록 코드의 구조를 변경하는 과정을 말합니다.
"매개변수 (파라미터)"	parameter	함수에 사용되는 인수에 대한 다른 이름
메서드	method	클래스 안의 함수를 부르는 이름
모듈	module	다른 프로그램에서 사용할 수 있는 기능이 저장되어 있는 파이썬 파일
무한루프	infinite loop	영원히 실행되는 코드 조각을 의미하며 일반적으로 이것은 좋지 않은 상황입니다.
문법 오류	syntax error	오류는 컴퓨터에서 프로그램이 실패하는 경우에 발생하는데 주어진 코드의 형식을 인식하지 못할 때 발생합니다. 예를 들면 괄호를 닫지 않았을 때 문법 오류가 일어납니다.

문자열	string	또는 스트링. 변수 안에 저장된 문자 데이터입니다.
문장	statement	이 책에서는 코드의 일부 조각을 의미하는 뜻으로 사용됩니다. 엄밀히 말하면 그것은 명령이나 작업을 나타내는 코드 조각입니다.
반복문(루프)	loop	특정 조건이 충족될 때까지 계속 반복되는 코드 조각
반환	return	(1) 함수가 수행되고 나면 생성하는 값. 파이썬의 예약어입니다. (2) 컴퓨터 키보드에서 “라인의 끝”을 의미하는 키. 주로 “엔터” 키로 불립니다.
버그	bug	프로그램이 적절하게 동작하는 데 실패하거나 또는 전혀 동작하지 않는 원인을 제공하는 코드 조각
변수	variable	컴퓨터 메모리에 저장되어 있는 값을 참조하기 위해 사용하는 이름으로, 더 느슨하게는 데이터를 참조하는 데도 사용될 수 있습니다.
부울 변수	boolean variable	True 또는 False 두 가지 값만 있는 변수
비교 연산자	comparative operator	때때로 프로그램의 데이터를 비교할 수 있도록 논리 연산자를 호출합니다. 이 연산자는 = = , 〉 연산자를 포함합니다.
사전	dictionary	정렬되어 있지 않은 컨테이너 자료형으로 다른 키 값 짝의 형태로 데이터를 저장할 수 있습니다.
산술 연산자	mathematical operator	숫자 간의 수학계산 기능을 수행하는 연산자. 예를 들어 곱하기 혹은 더하기
상수	constant	변경되지 않는 수. 상수의 이름을 대문자로 이름 짓는 것은 좋은 습관입니다. 예: SPEED_OF_LIGHT
생성자	constructor	클래스의 인스턴스가 생성될 때 호출되는 특별한 종류의 메서드로, 파이썬 예약어 __init__을 사용하며 그 목적 중 하나는 객체의 속성을 초기화하는 것입니다.
속성	attributes	객체의 속성으로 width, height, colour 등이 있습니다.
스크립트 모드	script mode	IDLE을 사용하여 파일에 저장하는 코드를 작성할 때 도움을 줍니다.
슬라이싱	slice	문자열 또는 컨테이너 변수에서 일부분을 추출하는 과정을 말합니다. 배열의 슬라이스로 불리기도 합니다.
실수	float	소수점이 있는 10진수 값을 가질 수 있는 숫자 자료형
실행	execute	run(실행)의 다른 단어로서 일부 코드를 실행하는 것을 말합니다.
알고리즘	algorithm	컴퓨터로 작업을 수행하기 위해 컴퓨터가 이해할 수 있도록 단계별로 설명해 놓은 것
연산자	operator	어떤 코드상에서 두 개의 숫자를 곱하거나 두 숫자가 같은 지를 비교하는 간단한 기능을 수행하는 기호. 산술 연산자와 비교 연산자를 보세요.
위젯	widget	버튼 또는 텍스트 엔트리 박스 등을 가르키는 GUI 요소
이스케이프	escape	파이썬에서 어떤 의미를 갖는 문자가 일반적인 문자열에 필요할 때 이스케이프 해야 컴퓨터가 일반 문자열로 인식합니다. 예, \"
인덱스	index	문자열, 튜플 또는 리스트에서 값을 참조하기 위한 문자열로 된 숫자입니다. 컨테이너 자료형의 각 항목은 인덱스 되어 있으며 0은 첫 번째 항목을 가리키며 1은 그 다음 항목을 가리킵니다. 인덱스 값은 순차적으로 증가합니다.
인수	argument	함수가 실행되면서 필요한 정보의, 일반적으로 문자열 혹은 숫자, 내가 만든 함수(인수가 여기에 옵니다.)

인스턴스	instance	객체지향 프로그래밍에서 클래스로부터 생성된 객체를 말합니다.
인스턴스화	instantiate	객체지향 프로그래밍에서 클래스로부터 객체를 생성하는 과정을 말합니다.
자료형	data-type	컴퓨터에 저장된 다른 정보의 형태로서 예를 들어 실수, 정수, 문자열, 튜플, 리스트와 사전이 있습니다.
전역변수	global variable	프로그램의 모든 곳에서 사용 가능한 변수
정렬된 컨테이너	ordered containers	정렬된 컨테이너는 컨테이너 내의 값이 위치가 정렬되어 있는 자료형을 말합니다. 정렬된 컨테이너로 튜플 또는 리스트가 있습니다. 사전의 경우 정렬되지 않은 자료형입니다.
정수	integer	소수점이 없는 자료형이며 완전한 숫자이어야 합니다.
주석	commenting	컴퓨터 프로그램에 적는 텍스트로서 사람이 읽으며 프로그램 실행중에 컴퓨터가 무시합니다. 파이썬에서 모든 주석은 해시 기호(#)로 시작합니다.
지역변수	local variable	함수 내에서 정의된 변수는 그 함수 내부에서만 사용 가능합니다.
초기화	initialize	변수에 시작 값을 할당하는 것입니다.
출력	output	프로그램으로부터 화면이나 프린터로 내보내지는 데이터
컨테이너	container	컨테이너 자료형은 여러 자료형을 그룹지어 저장하는 자료형이며 여러 컨테이너를 포함할 수 있습니다. 컨테이너 자료형은 튜플, 리스트와 사전에서 사용됩니다.
클래스	class	객체지향 프로그래밍에서 사용되는 단어이며, 클래스는 객체에 내장된 코드의 한 부분입니다. 이 책에서는 공장으로 비교 설명했습니다.
키	key	사전에서 문자열, 튜플 또는 리스트의 인덱스에 해당하는 값으로서 프로그래머에 의해 정의되며 키로 사용할 수 있는 것은 문자열, 숫자, 실수 또는 튜플이 있습니다. key:pair에서 key에 해당합니다.
튜플	tuple	정렬된 자료형으로 인덱스는 0으로부터 시작합니다. 튜플 내부의 값은 변경하지 못합니다.
특수 문자열	escape equence	파이썬에서 어떤 의미를 갖는 문자가 문자열 안에서 필요한 경우, 컴퓨터가 그 문자를 일반적인 뜻이 아닌 다른 의미로 해석되도록 해주는데 이걸 "탈출" 시킨다고 표현합니다. 예를 들면 해당 글자 앞에 역슬래시를 써서 처리합니다. 예) \"
프레임	frame	tkinter 위젯의 한 종류이며 다른 위젯을 포함하는 그룹 위젯으로 복잡한 사용자 인터페이스의 레이아웃을 구성하는데 사용합니다.
함수	function	재사용 가능한 코드 조각을 의미합니다.
해킹	hacking	이미 작성된 프로그램의 일부를 뜯어 고쳐서 다르게 동작하도록 하는 것을 의미합니다.
형변환	casting	자료형을 다른 형식으로 바꾸는 과정. 예를 들면 때로는 번호가 텍스트로 저장되지만 정수로 변환 할 필요가 있습니다. - 이것처럼 실행될 수 있죠. int("3")